映える会場飾りやプログラム **105**プラン

決定版

卒園式 おめでとう飾り

もくじ

トータルコーディネート

大きなリボンの会場飾り…4
マーガレットの会場飾り…6
3種の花の会場飾り…8
ペーパーファンと立体フラワーの会場飾り…10

入り口飾り

バラとガーベラの入り口飾り…12
ハートのお花とことりの入り口飾り…13
心が弾む！ バルーンの入り口飾り…14
動物たちがお出迎え！ カラフル入り口飾り…15
はばたくちょうちょうの入り口飾り…16
ことりと風船の入り口飾り…17
ことりとチュールの入り口飾り…18
大きなリボンとにじ色チェーンの入り口飾り…19

アーチ飾り

ピンキーフラワーのアーチ…20
ビッグフラワーとチュールのアーチ…22

看板飾り

たんぽぽカラーの2WAY看板飾り…24
切り紙とリボンの看板＆鉢花飾り…25
ビッグフラワーとチュールの看板飾り…26
看板飾りとおそろい！ チュールとリボンの鉢花飾り…26
うめ柄の和モダン看板飾り…27
ふんわりチュールとお花の看板飾り…27

ウェルカムボード

バラのウェルカムボード…28
チュール凡天のウェルカムボード…28
ブーケのウェルカムボード…29
リースのウェルカムボード…29

どこでも飾り

2パターンで使えるクロス飾り…30
ビッグリボンの窓飾り…31
ビッグリボンの椅子飾り…31
気球＆フラワーの窓飾り…32
フラワーリースの窓飾り…33
切り紙バラの窓飾り…33
くるくるローズのガーランド…34
妖精のガーランド…35
リボンとお花のどこでも飾り…35
じゃばらのつばさのとりの棚飾り…36
お花とちょうちょうの棚飾り…37
ハート切り紙の棚飾り…37
お花のリース型吊るし飾り…38
フラワーボールの吊るし飾り…39
フラワーリースの吊るし飾り…39
ダブルガーランドの階段飾り…40
ことりの階段飾り…41
お祝いのお花の階段飾り…41

鉢花飾り
くるりんミニ鉢花飾り…42
じゃばら折りの鉢花飾り…42
ふわふわお花の鉢花飾り…43
手作りフラワーボールのミニ鉢花飾り…43

緞帳&壁面飾り
チュールのもくもくからおめでとう！ 緞帳飾り…44
春を告げる妖精のフラワーリース…46
幸せを運ぶ☆ブルーバード…47
お花の気球で飛び立とう！…48

子どもの製作でお祝い飾り
みんなをのせて自画像の気球壁面…50
染め紙の花束壁面飾り…51
フラワーBOXと自画像のメモリアル飾り…52
みんなと一緒にロケットで宇宙へ！…53

●飾りとカード
笑顔が咲くよ！ 写真入りお花バスケット…54
写真入りフラワーコーン…55
チューリップの一輪カード…55

●卒園製作
牛乳パックの小物入れ…56
はじき絵フォトフレーム…56
バルーンフォトキャンディー…57

●思い出のカード
将来の夢カード…58
花束のメッセージカード…59
つながりハートのメッセージカード…59

●卒園式プログラム
レースペーパーの花束プログラム…60
とりと青空のプログラム…61
桜とレースペーパーのプログラム…61
ことりの手形プログラム…62
飛び出す！ スタンプ風船のプログラム…63
よつばのクローバーのプログラム…63
卒園列車のプログラム…64
お花とことりのプログラム…64
気球でしゅっぱーつ！ プログラム…65
気球のプログラム…65

●手作りコサージュ
ふんわり花びらのコサージュ…66
カーネーションのコサージュ…67
フェルトのコサージュ…68
ロゼット風のコサージュ…69

文字飾り…70
花飾りをバージョンアップ！…72

コピー用型紙集…73

トータルコーディネート
会場の華やかさアップ！
空間全体を、統一感のある飾りつけで彩り、印象的な一日に。

大きなリボンの会場飾り

ネイビーカラーの大きな水玉リボンを印象的に飾って、コーディネートします。

型紙 73〜75 ページ

入り口飾り

落ち着いた色のなかで動物たちのかわいさが引き立つ入り口飾りです。チュールのポンポンで華やかさをプラス。

素材●画用紙・チュール・不織布・リボン
折り紙・糸・新聞紙・厚紙

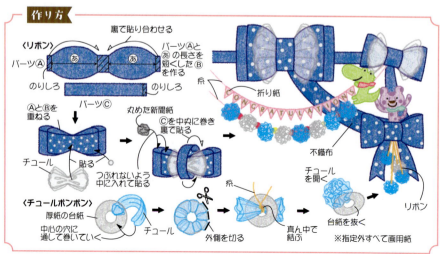

壇上飾り

薄ピンク地に金色の文字が映える壇上飾り。
ボードに飾って吊るします。
素材●画用紙・チュール・糸・金の工作用紙・段ボール・ひも

作り方

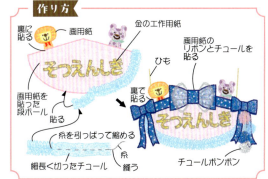

演壇&マイク飾り

演壇には大きなリボンを、マイクスタンドには
チュールをふわっと飾ってメリハリを出します。
素材●画用紙・チュール・リボン・糸

作り方

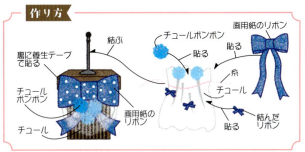

作り方

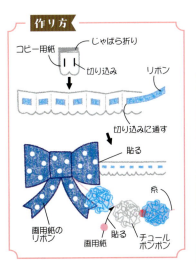

どこでも飾り

チュールポンポンをガーランドにして飾ります。
リボンの大きさと飾る間隔は、スペースに合わせて自由に。
素材●画用紙・コピー用紙・チュール・リボン・糸

トータルコーディネート

マーガレットの会場飾り

型紙 76〜78ページ

ゴージャスなマーガレットが目を引く、存在感のある飾りです。

 入り口飾り

大きなマーガレットとサテンのドレープが印象的！
画用紙のフラッグは、ひだを寄せたドット柄のチュールを貼ることで、立体感が出ます。

素材●画用紙・薄葉紙・ドット柄チュール
　　　チュール・金の工作用紙・柄折り紙
　　　サテン・リボン・丸シール・モール・ひも

 どこでも飾り

廊下や壁に貼るだけで、素敵に飾れるどこでも飾り。
色みを抑えることで、白いマーガレットが引き立ちます。

素材●画用紙・薄葉紙・ドット柄チュール・サテン・折り紙

演壇&マイク飾り

シャープなフラッグに
たっぷりのお花を合わせた、
セレモニー感あふれる演壇飾り。
マイク飾りだけでも
華やかな印象になります。

素材●画用紙・薄葉紙
　　　ドット柄チュール・金の工作用紙
　　　柄折り紙・サテン・ひも・厚紙

組み合わせるとさらにゴージャス！

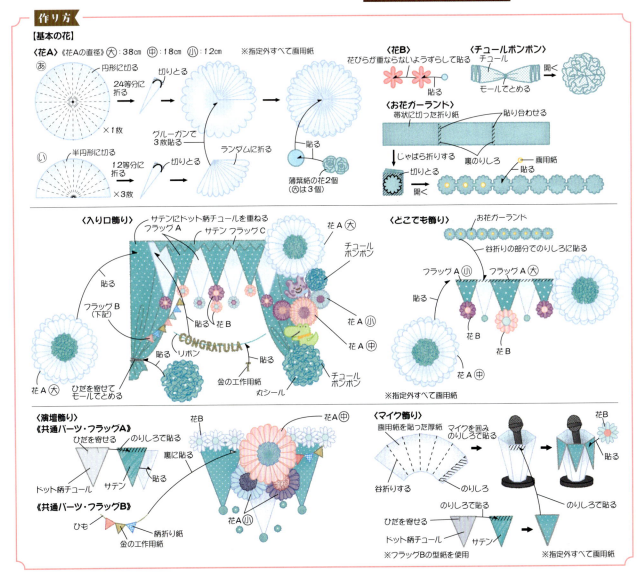

トータルコーディネート

3種の花の会場飾り

A・B・Cの3種類の花飾りを組み合わせて作ろう！入り口飾りからマイク飾りまで、オールマイティーに使える基本のお花です。会場の統一感もアップ！

型紙 78ページ

ポイント
不織布やチュールを大胆に垂らすと、豪華さがアップ！

入り口飾り A + B + C

Aのフラワーポンポンを、サイズ違いや同系色のグラデーションでまとめると、おしゃれに仕上がります。

素材●不織布・チュール

作り方
ドレープを寄せて貼った不織布の上から、Bを両端に垂らします。センターにもチュールを垂らし、AとCで飾ります。

A フラワーポンポン
フラワーペーパーや薄葉紙でボリューミーに！

素材●画用紙 フラワーペーパーや薄葉紙など

作り方
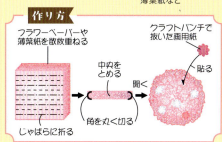

B リボン＆チュール
リボンとチュールを組み合わせて豪華さをアップ。

素材●画用紙・リボン チュール

作り方
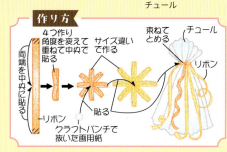

C ペーパーファン
トレーシングペーパーとマスキングテープでさっと作れる。

素材●画用紙 トレーシングペーパー マスキングテープ リボン

作り方
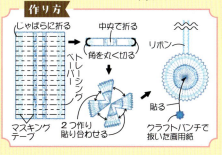

組み合わせでアレンジいろいろ！

看板飾り　A＋B

「そつえんしき」の文字や、まわりに散らしたクラフトパンチで抜いた花を同系色でまとめるとスッキリした印象に。金の折り紙を使って豪華に！

素材●画用紙・折り紙

作り方
右側にBをランダムに垂らし、大小作ったAを飾ります。

マイク飾り　B

Bのリボン＆チュールを貼るだけでこんなにカワイイ。マイクにはリボン部分だけをつけてアクセントに。

素材●モール

作り方
マイクスタンドにBをモールで結びます。

どこでも飾り　B＋C

壇上飾りや階段飾り、廊下飾りにも活躍するスタイルならコレ！

作り方
Bを間隔をあけて飾り、それぞれの間にCをリボンでつないでガーランド風にします。

トータル
コーディネート

ペーパーファンと立体フラワーの会場飾り

画用紙で簡単に作れる、和モダンテイストの飾りです。

型紙 78 ページ

会場飾り

ペーパーファンと演壇や鉢花に垂らしたリボンで、簡単なのに映えるデザインに。ブルー系のグラデーションカラーでまとめ、差し色をゴールドにすると、大人っぽく華やか！

素材●画用紙・金の工作用紙・テグス・風船リボン・クレープストリーマー・糸

どこでも飾り

立体フラワーにガーランドをプラスして
どこでも飾りに！
お花のパーツにも差し色のゴールドを入れて
変化をつけると、まとまりが出ます。

素材●画用紙・金紙・リボン

マイク飾り

扇形の金の工作用紙を2つ組み合わせ、
立体フラワーを貼るだけ！
ゴールドが会場飾りのなかで
より引き立ちます。

素材●画用紙・金の工作用紙（B4サイズ）・針金

パーツ一つでカンタン！

立体フラワーの作り方

1 画用紙の帯を8の字に貼り合わせます（同じものを計4つ作る）。

2 1で作った2つを十字に貼り合わせます（同じものを計2つ作る）。

3 2で作った2つを、花びらが交互になるように貼り合わせます。

4 画用紙の長さを短くして同様に作ったものを、3の中央に貼ります。

作り方

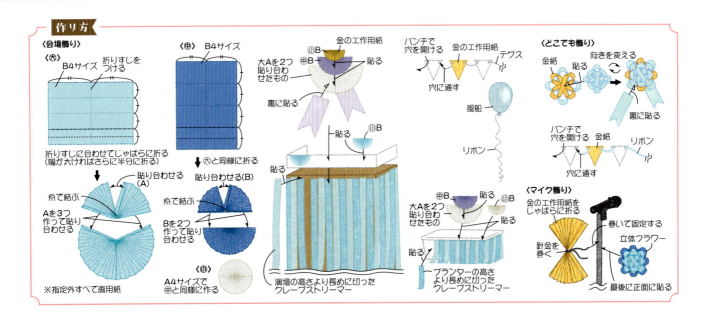

入り口飾り

入場シーンを盛り上げる

花や動物たちが、特別な日を鮮やかに彩ります。

バラとガーベラの入り口飾り

型紙 79ページ

バラとガーベラをメインに飾ります。
花びらの一部にデザインペーパーの柄を使うと、より華やかに！
卒園式だけでなく、お別れ会にも使える飾りです。

素材●画用紙・デザインペーパー・厚紙・柄折り紙・糸・薄葉紙
レースペーパー・金の工作用紙

バラ

サイズ違いの花びらを貼り合わせて、立体感のあるバラに。レースペーパーをプラスしてメリハリを出します。

ガーベラ

切り紙した画用紙とレースペーパーで、パッと元気な印象の花にします。金の工作用紙をプラスすると、華やかさがアップ！

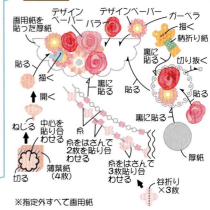

作り方

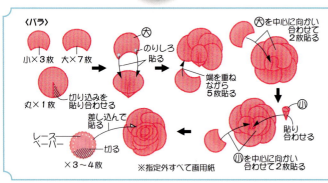

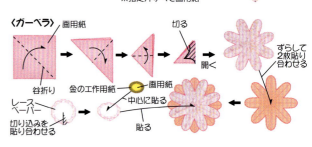

ハートのお花とことりの入り口飾り

型紙 80ページ

折り紙のカーテンがひらひらゆれる、春らしいパステルカラーの入り口飾り。ハートで作ったお花は、サイズ違いを組み合わせて華やかに。

素材●画用紙・包装紙・折り紙

つなげて貼るだけでカンタン！

作り方

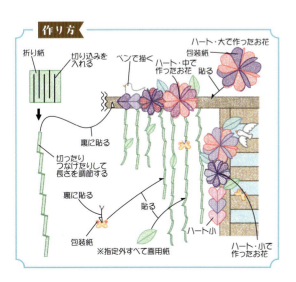

※指定外すべて画用紙

ハートのお花の作り方

ハートをつなげてお花を作ります。開いたハートの端（A）と半分に折ったハート（B）をつなげてテープでとめます。

開いたハートを山折りにして半分にしたら、次のハートの端（C）をつなげて貼ります。同様に8枚ハートをつなげると、できあがり。ハート大は15cm角、中は12cm角、小は10cm角の紙を対角線で三角に折り、切って作ります。

入り口飾り

心が弾む！バルーンの入り口飾り

型紙 81 ページ

動物たちが風船の間から飛び出して「おめでとう！」。同系色でまとめることで、風船のインパクトとキャラクターのかわいらしさが引きたちます。

素材●画用紙・クレープ紙・ラッピングペーパー・風船・リボン・ホログラム折り紙・アルミはく・糸

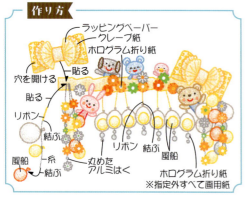

同じ形の色違いの花をずらして貼るだけで華やかに。

透明の風船の中に色つきの風船を入れて一緒にふくらませたあと、色つきふうせんの口をとめます。透明の風船をさらに大きくふくらませて完成。

※透明の風船は、直射日光や空気に触れると白濁するのでご注意ください。直前まで黒いビニール袋などで包んでおくと、白濁するのが遅くなります。

動物たちがお出迎え！ カラフル入り口飾り

型紙 82〜83ページ

ゴンドラにのった動物たちがかわいい、入り口飾り。文字部分は、カラフルなお花の「おめでとうガーランド」として、それだけで使うこともできます。

素材●画用紙・不織布・レース・包装紙・レースペーパー・フラワーペーパー・ひも・リボン

ゴンドラはレースペーパーを貼っておしゃれに！

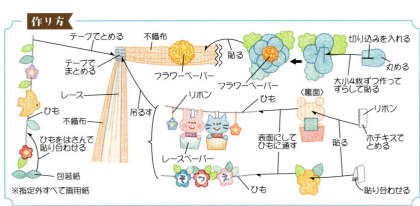

入園式にアレンジ！

change!

文字を替えて入園式にも。ひもに通すだけで簡単に付け替え可能。

> 入り口飾り

はばたくちょうちょうの入り口飾り

型紙 84〜85ページ

ちょうちょうのパターンをひもでつないで、華やかさを演出！
大小のハニカムボールのお花も、オシャレで目を引きます。

素材●画用紙・チュール・不織布・不織布リボン・ハニカムシート
　　　モール・丸シール・ひも

かわいく並んで
はばたく！

ちょうちょう飾りの作り方

1 画用紙を半分に折り、大小のちょうちょうの形に切る。穴の大きさや位置が合うようにする。

2 大小のちょうちょうの見本。

3 大小のちょうちょうの穴の位置を合わせ、中心を両面テープなどで貼り合わせる。

4 3で作った大きなちょうちょうと、別に作った小さなちょうちょうの穴にひもを通してつなげる。

作り方

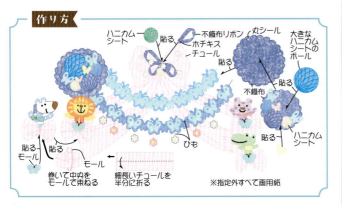

※指定外すべて画用紙

ことりと風船の入り口飾り

型紙 **85** ページ

吊るした輪のなかで、ことりたちがくるっと回ります。
左右のバランスを変えたインパクトのある飾りです。
土台はペーパーフラワーでボリュームを出し、
簡単なのに華やかな仕上がりに。

素材●画用紙・フラワーペーパー・チュール・リボン・風船
　　　ビーズ・厚紙・糸

作り方

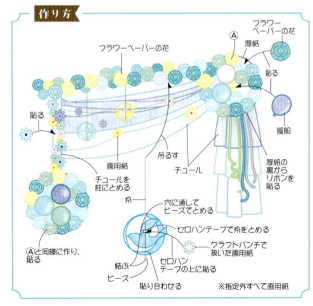

※指定外すべて画用紙

入り口飾り

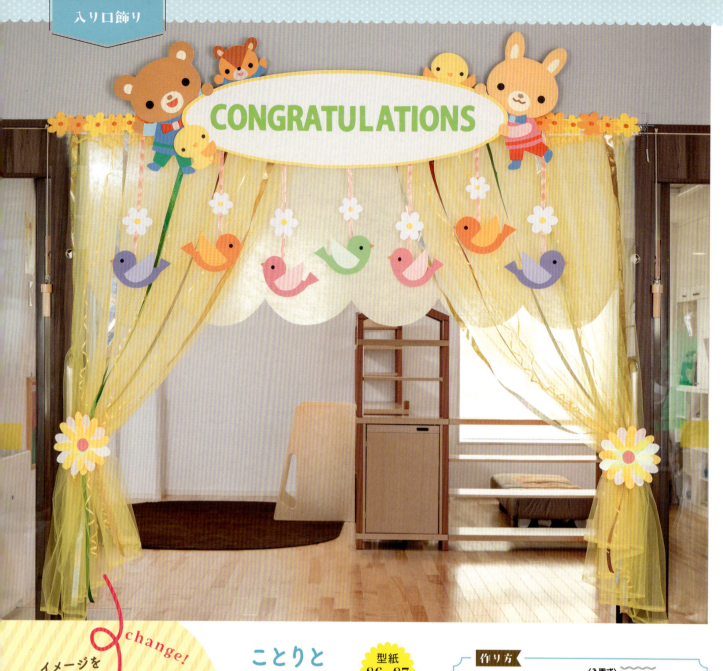

ことりと チュールの 入り口飾り

型紙 86〜87 ページ

黄色のチュールで、春らしく華やかに。
カラフルなことりがユラユラ揺れる、
愛らしい入り口飾りです。

素材●画用紙・不織布・チュール・リボン
ミラーテープ・ミラクルテープ
スチレンボード・段ボール・オーロラ折り紙

卒園式にはチュールの上にキラキラ
したテープを重ねて、ゴージャスに。
入園式ではテープを外し、ふわっと
優しい飾りに切り替えます。

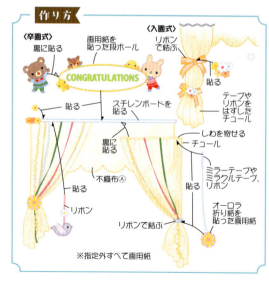

キャラをチェンジ！

入園

change!

大きなリボンとにじ色チェーンの入り口飾り

型紙 88〜89 ページ

ゆめいろモチーフの
コンパクトな入り口飾りです。
グリーン系でまとめて、
さわやかに。

素材●画用紙・不織布・レースペーパー
　　　柄折り紙・オーロラ折り紙・糸

セレモニーらしさを演出

アーチ飾り

新たな旅立ちにふさわしい
ゴージャスな存在感を。

ピンキーフラワーの アーチ

型紙 89ページ

片段ボールで巻いた柱にお花をいっぱい飾ります。
全体をピンクに統一して、まるでおとぎの国の入り口みたい♪

素材●画用紙・片段ボール・不織布・フラワーペーパー・風船・ペットボトル
吸水フォーム・カラーワイヤー・段ボール箱・レースペーパー・折り紙

作り方

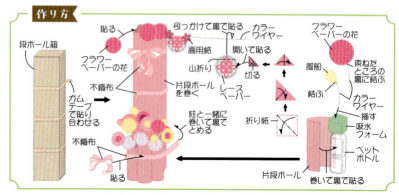

プロセス 1

段ボール箱で柱をしっかり作る

同じサイズの段ボール箱を重ねて柱の土台に。壁に押し当てながらガムテープで貼り合わせると、まっすぐに作れる。

サイズに合わせた片段ボールを巻き、目立たないところで同色のガムテープか、透明テープで貼り合わせる。

プロセス 2

ペットボトルを土台に

ペットボトルのキャップを吸水フォームに押し込んで、ガイドラインをつける。

ガイドラインに沿って、ペットボトルの口が入るようにカッターでくり抜く。

ペットボトルの口に吸水フォームを押し込んで固定する。

片段ボールを巻く。高さは片段ボールの長さで調整する。

プロセス 3

お花は吸水フォームで固定

フラワーペーパーの花と風船は、カラーワイヤーに結んでおく。吸水フォームにバランスよく挿していく。

プロセス 4

ワイヤーをお花で隠す

レースペーパーと切り紙した折り紙をカラーワイヤーに飾り、ワイヤーの両端を柱と柱の間に吊るす。段ボール箱の角を少し切っておくとワイヤーを固定しやすい。

余ったワイヤーは、段ボール箱と片段ボールの間にはさみ、お花で隠す。

21

アーチ飾り

ビッグフラワーとチュールのアーチ

型紙 89ページ

チュールと大きなお花がゴージャス！
不織布を2色のチュールで包み、
ところどころとめることで、
動きとボリュームが出ます。

素材●画用紙・段ボール箱・板段ボール・片段ボール
チュール・不織布・フラワーペーパー・ひも
モール・リボン

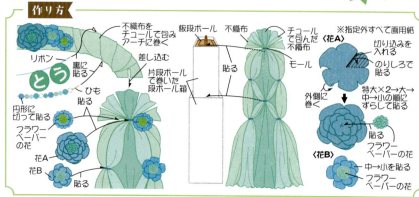

プロセス1

土台作り
段ボール箱を重ねて、片段ボールを巻く

段ボール箱3つを、安定する形に積み重ねて貼り合わせます。同形のものを2つ作りましょう。

③の最上部に、アーチの差し込み用に、折った板段ボールを貼ります。

③の上の面が見えないように片段ボールを巻いて貼ります。①は床面に合わせて巻きましょう。

プロセス2

飾り作り
チュールと不織布をところどころとめて、動きを出す

グリーンのチュールで包んだ不織布（A）を中心に、白のチュールで包んだ不織布（B・B'）、不織布（C・C'）の順にモールでまとめます。

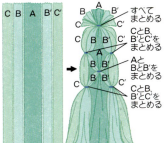

ふんわりさせながら、BとC→AとB→BとCの順に、3か所をモールでまとめます。BのモールのB位置を均等にすると、きれいに仕上がります（反対側も同様にまとめる）。

Aが中央にくるように、まとめたチュールと不織布を土台に貼ります。矢印で示した2か所がぐらつかないように、しっかり固定しましょう。

プロセス3

アーチ作り
アーチ部分は板段ボール＋チュールと不織布で！

アーチ形の板段ボールの中央から、白のチュールで包んだ不織布を巻きつけます。

アーチの切り込み部分を土台に差し込み、テープでとめます。チュールは、切り込み部分の邪魔にならないように巻きましょう。

change!

入園式にアレンジ！ 入園

入園式には、フラワーペーパーで作ったお花にチェンジします。

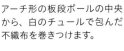

晴れの日のお出迎え
看板飾り

フォトスポットとしても喜ばれる、明るさを取り入れて。

作り方

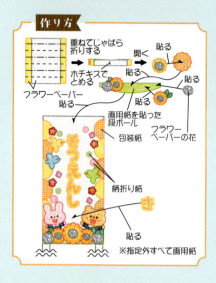

入園式用にアレンジ！

入園

たんぽぽカラーの2WAY看板飾り
型紙 90〜91ページ

かわいい動物キャラが卒園児を迎える看板。
元気で明るい色合いが、笑顔の卒園式にぴったりです！

素材●画用紙・柄折り紙・包装紙・フラワーペーパー・段ボール

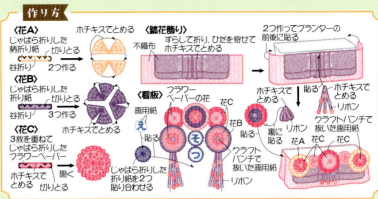

切り紙とリボンの看板&鉢花飾り

型紙 91 ページ

ピンクと紫が大人っぽい雰囲気の看板と鉢花飾り。
ふんわりした切り紙のお花で、
華やかに会場を盛り上げます。

素材●画用紙・フラワーペーパー・柄折り紙・リボン
不織布・折り紙

看板飾り

ビッグフラワーとチュールの看板飾り

型紙 92ページ

画用紙で作る大きな花が印象的な看板飾りです。色調を統一し、清楚な雰囲気に。

素材●画用紙・チュール・リボン・糸・フラワーペーパー

看板飾りとおそろい！
チュールとリボンの鉢花飾り

チュールとリボンを看板飾りに合わせた、セットアップできる鉢飾りです。

素材●チュール・リボン・布・糸

画用紙に切り込みを入れた花びらを重ねて、大きく立体的に。

change!

入園式にアレンジ！

入園

色調をカラフルにすれば、新入生を迎えるかわいい看板飾りに早変わり！風船とチューリップでボリュームを出します。

素材●画用紙・チュール・リボン・風船・モール・糸

画用紙を谷折りして貼り合わせた、半立体のチューリップ。茎は画用紙を巻いて貼ります。

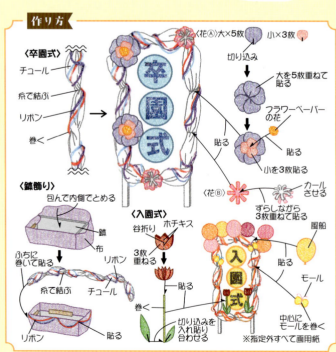

作り方

うめ柄の和モダン看板飾り

型紙 93ページ

卒園式のおごそかな雰囲気に合う、和柄の看板飾りです。
梅の花は明るい色にすると、スッキリしたなかにもかわいさが出ます。

素材●画用紙・障子紙・丸シール・千代紙

作り方

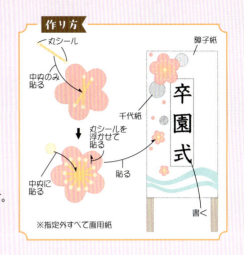

※指定外すべて画用紙

ふんわりチュールとお花の看板飾り

型紙 94ページ

文字は段ボールをかませ、下の飾りは浮かせるように貼ることで、ふんわりしたチュールに似合う立体感のある仕上がりに。

素材●画用紙・フラワーペーパー・チュール・モール・段ボール・不織布・薄葉紙・オーロラシート

作り方

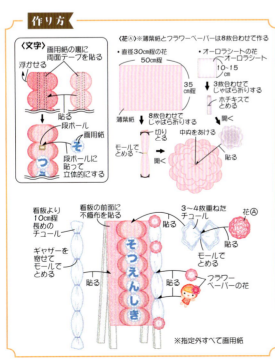

※指定外すべて画用紙

小さなスペースでも映える
ウェルカムボード

受付や保育室の入り口に飾るだけで存在感があります。

バラのウェルカムボード

型紙 94 ページ

小さなウェルカムボードは室内にもぴったり。
画用紙で作ったバラの花が華やかです。

素材●画用紙・レースペーパー・モール・手芸用ワイヤー
マスキングテープ・不織布・イーゼル

作り方

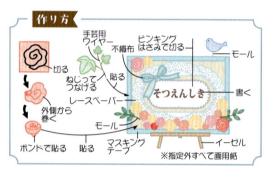

チュール凡天のウェルカムボード

型紙 95 ページ

チュール凡天やリボン、お花……存在感が抜群！
チュールで綿をくるんで作るチュール凡天がポイントです。

素材●画用紙・フラワーペーパー・チュール・綿・段ボール
柄折り紙・イーゼル・厚紙・糸

作り方

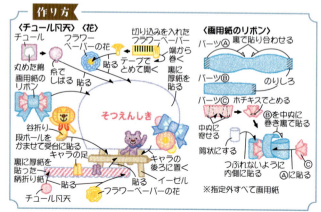

ブーケの ウェルカムボード

型紙 96 ページ

小さなスペースに最適な、
コンパクトに飾れるウェルカムボード。布や凡天、
スパンコールなど、質感の異なる素材を
組み合わせると立体感が出ます。

素材●画用紙・柄折り紙・凡天・モール・手芸用ワイヤー
スパンコール・布・レースリボン・イーゼル・段ボール

リースの ウェルカムボード

素材も形も違う華やかな花々が
お祝いにぴったり！
くるんとカールした花は、
画用紙をはさみでしごくのがコツ。

素材●画用紙・フラワーペーパー・柄折り紙
段ボール・割りピン・ストロー
イーゼル・厚紙

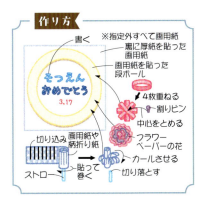

使い方は自由自在
どこでも飾り

園内、保育室の空間や広さに合わせて飾れます。

2パターンで使える クロス飾り

型紙 96 ページ

演壇やテーブル、
どちらでも使えるクロス。
ビッグフラワーの飾りは、
台紙に貼ってセッティングしておきます。

素材●画用紙・薄葉紙・フラワーペーパー・リボン
紙皿・モール・不織布・厚紙

演壇クロスに
演壇に不織布のクロスを掛けたら、ビッグフラワーの飾りを貼るだけ。

テーブルクロスに
不織布の長さや花の位置を調整すれば、様々な大きさの台に飾れます。

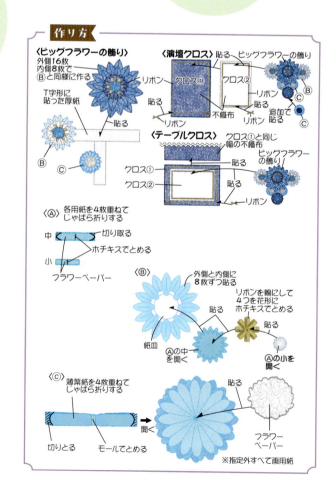

30

ビッグリボンの窓飾り

型紙 97ページ

大きな不織布のリボンが華やか！
レースペーパーと組み合わせて貼れば、
窓を素敵に飾れます。

素材●画用紙・不織布・フラワーペーパー
モール・ラフィア・レースペーパー
マスキングテープ

arrange!

椅子飾りに
アレンジ！

ビッグリボンの椅子飾り

型紙 97ページ

椅子に付ければ、会場全体を彩る飾りにもなります。
これだけでもゴージャスな印象に！

素材●画用紙・不織布・フラワーペーパー
モール・ラフィア・マスキングテープ

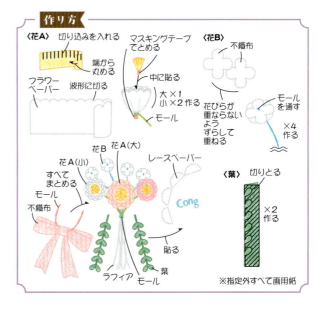

31

どこでも飾り

気球&フラワーの窓飾り

型紙 97 ページ

お祝いの花をのせた気球が、未来に飛び立つ園児を祝福！
立体的にしたカラフルな気球が、窓辺を彩ります。

素材●画用紙・包装紙・フラワーペーパー・レースリボン
リボン・片段ボール・凡天・発泡ボール・ストロー
丸シール・紙コップ・チュール・糸・水引
柄折り紙・ワイヤー・厚紙

ちょうちょう&お花をプラス！ change!

入園式用として、チューリップとちょうちょうを加えて、にぎやかな飾りに。

入園

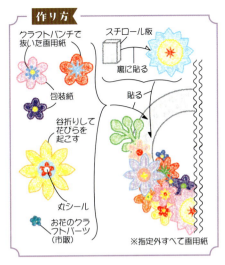

フラワーリースの窓飾り

型紙 98 ページ

お花がみっちり詰まった窓飾り。
ところどころ花びらを立たせてメリハリをつけると、
よりすてきな仕上がりに。

素材●画用紙・包装紙・丸シール・お花のクラフトパーツ（市販）
スチロール板・リボン

裏にリボンを貼って、
壁かけにも活用して。

切り紙バラの窓飾り

切り紙した紙を、土台のお花に貼るだけで
立体感のある可憐なバラに。窓の上部には、
半分に折ったレースペーパーを貼ります。

素材●画用紙・折り紙・柄折り紙・レースペーパー

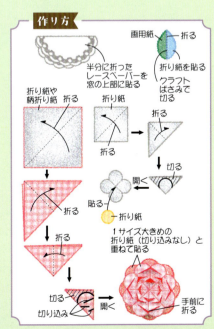

33

どこでも飾り

くるくるローズのガーランド

型紙
98
ページ

たっぷりとした花びらの重なりが、エレガントなガーランド。バラは、うずまき状に切った画用紙をくるくると丸めるだけ！

素材●画用紙・チュール・リボン・丸シール
パールビーズ・ひも・厚紙・モール・毛糸

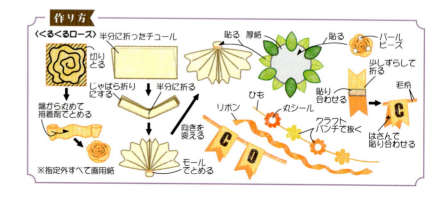

作り方

妖精のガーランド

型紙 99 ページ

ちょうちょうと一緒に空を舞う妖精のガーランド。
ボリュームのあるお花が保育室を華やかにします。

素材●画用紙・レースペーパー・フラワーペーパー・凡天・リボン・モール

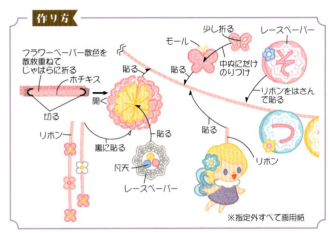

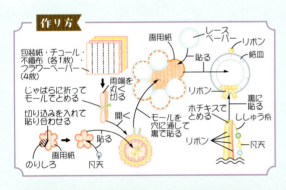

リボンとお花のどこでも飾り

型紙 99 ページ

お花を盛った紙皿を、リボンでつなぎます。
ロッカーの縁や、階段の手すりなどにも飾れます。

素材●画用紙・紙皿・レースペーパー・チュール・不織布・モール
　　　包装紙・フラワーペーパー・リボン・凡天・ししゅう糸

どこでも飾り

じゃばらのつばさのとりの棚飾り

型紙
100
ページ

じゃばら折りのつばさが、未来へはばたくイメージにぴったり。
とりモチーフは、すっきり、おしゃれな印象に！

素材●画用紙・コピー用紙

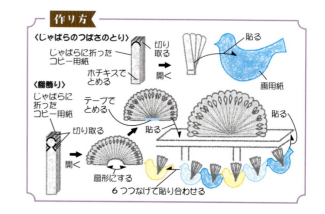

お花とちょうちょうの棚飾り

ふんわりとゴージャスなお花の
まわりを飛ぶちょうちょうのイメージ！

素材●画用紙・不織布・柄折り紙・モール
フラワーペーパー・キラキラモール
輪ゴム・丸シール・ししゅう糸

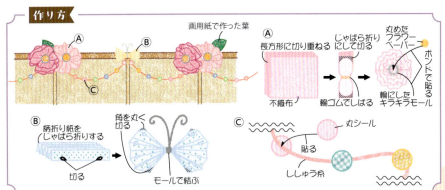

ハート切り紙の棚飾り

ハート柄を抜いた切り紙を組み合わせた棚飾り。
切り紙で作るリボンは、折りすじを
残して貼ると、動きや陰影が出ます。

素材●画用紙・折り紙・柄折り紙

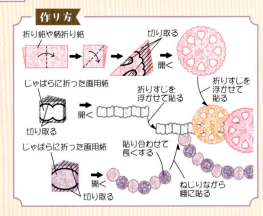

どこでも飾り

お花のリース型吊るし飾り

板段ボールの土台に、フラワーペーパーの花や造花を貼りつけて、ボリューム感のあるリースに仕上げました。

素材●画用紙・板段ボール
　　　フラワーペーパー・造花
　　　フェルト・リボン・ひも・柄折り紙
　　　凡天・ハニカムシート・変わり糸

作り方

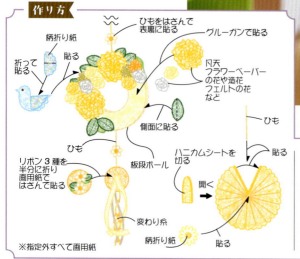

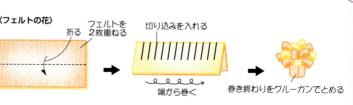

フラワーボールの吊るし飾り

型紙 100ページ

モコモコのフラワーボールを天井から吊るして、空間を飾りましょう。様々な素材のパーツを組み合わせることで、立体感が出ます。

素材●画用紙・フラワーペーパー・不織布　柄折り紙・チュール・凡天・リボン・厚紙

作り方

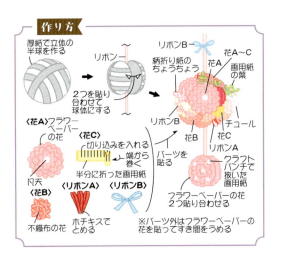

フラワーリースの吊るし飾り

型紙 100ページ

かわいい動物がリースからのぞいてお祝いしてくれます。ドアの入り口に吊るすだけでかわいい！サイズを選ばず飾れるのもポイントです。

素材●画用紙・柄折り紙・毛糸

作り方

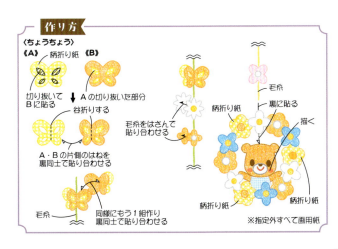

どこでも飾り

ダブルガーランドの階段飾り

型紙 101 ページ

2種類のガーランドを重ねた階段飾り。
ワックスペーパーフラワーから
リボンやレースを垂らして華やかさアップ！

素材●画用紙・リボン・レース・レースペーパー
ペーパーナプキン・オーロラ折り紙
ワックスペーパー・凡天

ワックスペーパーフラワー

ワックスペーパーの張りと
ツヤが華やか！ コロンと
丸い形は、ひだを寄せるよ
うにとめて作ります。

作り方

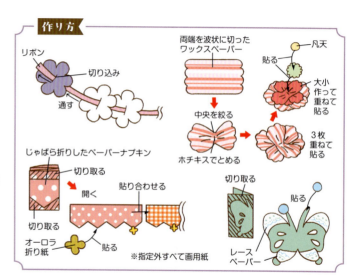

40

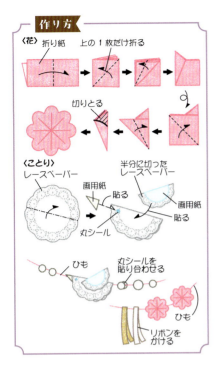

ことりの階段飾り

型紙 101 ページ

かわいいことりのガーランドは、レースペーパーを半分に折ることで、立体感も出せるうえ、ひもにのせるだけでできる手軽さも実現。

素材●画用紙・レースペーパー・折り紙・丸シール・リボン・ひも

お祝いのお花の階段飾り

型紙 101 ページ

ブーケタイプの飾りにして、目的に合わせ自由自在にアレンジ！円すいに入れて、チュールとリボンでつなげます。

素材●画用紙・不織布・薄葉紙・クレープ紙・凡天・リボン・チュール・マスキングテープ・ワイヤー・ひも・吸水スポンジ

薄葉紙で作った花を組み合わせてボリュームを出して。

41

明るくやわらかな印象に
鉢花飾り

簡単に作れて、セレモニーらしい特別感を演出できます。

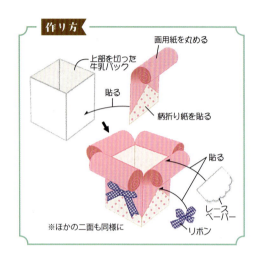

くるりんミニ鉢花飾り

画用紙をくるりんと丸めた形がユニーク！
レースペーパーやリボンで華やかさをプラスします。

素材●画用紙・レースペーパー・リボン・柄折り紙・牛乳パック

じゃばら折りの鉢花飾り

型紙101ページ

風船と包装紙を使った花が目を引く鉢花飾り。
画用紙はじゃばらに折ると、
鉢をぐるっと包みやすくなります。

素材●画用紙・包装紙・風船・リボン・モール

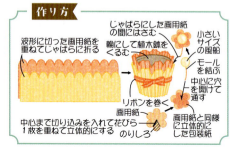

ふわふわお花の鉢花飾り

縁につけた凡天とお花が、繊細でかわいらしい印象の鉢花飾り。
白やピンクで濃淡をつけた不織布の花で、やわらかな雰囲気に。

素材●画用紙・片段ボール・不織布リボン・凡天・不織布・リボン・カールリボン

手作りフラワーボールの ミニ鉢花飾り

フラワーペーパーで作ったお花を、
発泡スチロールの土台に貼って
まんまるなフラワーボールに。
鉢の小さな凡天がアクセント。

素材●画用紙・フラワーペーパー・チュール・リボン
ペーパーストロー・凡天・紙パッキン
発泡スチロール・プラスチック容器

彩り豊かに空間を演出
緞帳＆壁面飾り
ボリューム感のある構図や素材で会場に特別な華やかさを。

チュールのもくもくからおめでとう！
緞帳飾り

型紙 101〜103 ページ

かわいい動物たちが列車から「おめでとう」のメッセージを伝えます。チェック柄の不織布の立体的なお花や、輝くホログラムの折り紙も、お祝いムードを高めるポイントです！

素材●画用紙・チェック柄の不織布・チュール ホログラム折り紙・リボン

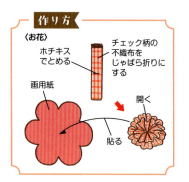

〈作り方〉
〈お花〉
ホチキスでとめる
チェック柄の不織布をじゃばら折りにする
画用紙
貼る
開く

緞帳

壁面

緞帳&壁面飾り

春を告げる妖精の フラワーリース

型紙 103 ページ

リースからのぞく妖精たちが卒園児を祝福。
フラワーペーパーで作った花のリースに、
リボンを添えてポイントに。

素材●画用紙・フラワーペーパー・リボン・不織布・モール
ホログラム折り紙・厚紙

壁面

緞帳

濃い色の緞帳に飾ると、華やかさがぐっと引き立ちます。

幸せを運ぶ☆ブルーバード

型紙 104 ページ

2色のチュールを大胆に使った飾り。リボンを起点に広がる構図で、さわやかな風が吹く青空を表現します。

素材●画用紙・チュール・丸シール

作り方

壁面

緞帳 チュールはホチキスでとめながら、形を整えて緞帳に飾ります。

緞帳&壁面飾り

壁面

48

お花の気球で飛び立とう！

型紙 104〜105 ページ

折り紙のお花を気球に貼って、かわいらしく！
ところどころに立体感をプラスするのが
ポイントです。

素材●画用紙・折り紙・フラワーペーパー
不織布・綿・板段ボール

作り方

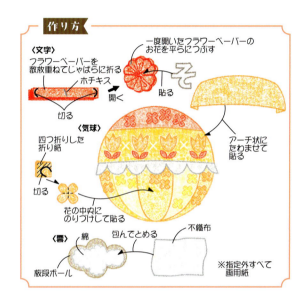

※指定外すべて画用紙

緞帳

子どもの製作で お祝い飾り

一人ひとりの個性を生かす

子どもたちの作品を取り入れて温もりあふれる飾りに。

みんなをのせて 自画像の気球壁面

型紙 106 ページ

卒園児の成長を感じる自画像で、
壁面を飾りましょう。
リボンやフラワーペーパーなどで、
立体感をもたせるのがポイント。

素材●画用紙・柄折り紙・ホイル折り紙・オーロラ折り紙・リボン
キラキラテープ・フラワーペーパー・綿ロープ・片段ボール

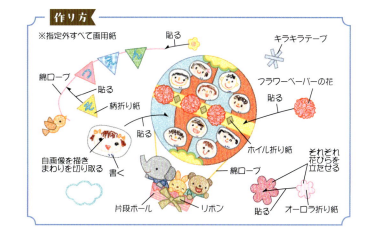

子どもの製作

似顔絵の周囲を広めに残すことで、気球に貼ったときにも目立ちやすく。

染め紙の花束 壁面飾り

型紙 106 ページ

染め紙のお花は、切り紙の難易度を
変えれば在園児も一緒に作れます。
オーガンジーと包装紙は
土台の裏から貼り、
ふんわりさせましょう。

素材●画用紙・半紙・包装紙・オーガンジー・厚紙

子どもの製作

切り紙したら、折りたたんだまま水彩絵の具で色を塗り、にじみ染めします。切りとった箇所や折りすじに沿って、じんわり色がにじみます。

作り方

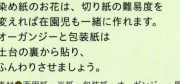
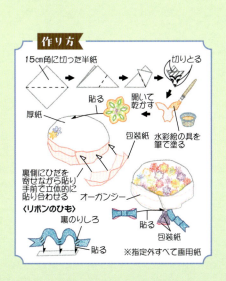

子どもの製作で部屋飾り

フラワーBOXと自画像のメモリアル飾り

型紙 107 ページ

画用紙で作った箱の土台に、ぎっしりとフラワーペーパーのお花を詰め込みました。子どもたちが描いた自画像も一緒に飾れば、思い出いっぱいのフォトスポットにもなります。

素材 ● 画用紙・フラワーペーパー・リボン

子どもの製作
似顔絵の形に合わせて周囲を切りとって。

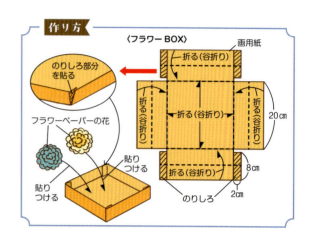

みんなと一緒に ロケットで宇宙へ！

未来に向かって飛び立つ子どもたちの姿を、ロケットで表現。一つひとつのロケットに子どもたちの個性が出ます。

素材●画用紙・すずらんテープ・ホイル折り紙　キラキラシール

型紙 107 ページ

子どもの製作

似顔絵やロケットは子どもたちが製作します。

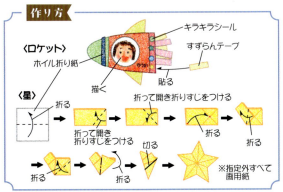

作り方

保育者から卒園児へ贈る
飾りとカード

写真を使って
その子だけの特別感を。

一輪ブーケにして
プレゼント！

レースペーパーとリボンでブーケ風にすれば、式のあとで一人ひとりに渡せる、すてきなプレゼントに！

笑顔が咲くよ！
写真入りお花バスケット

型紙
108
ページ

卒園児の写真を、カップケーキの容器と紙ストローでお花に見たてました。笑顔いっぱいのお花が、卒園式を盛り上げます。

素材●画用紙・カップケーキの容器・写真・フラワーペーパー
バスケット・リボン・レースペーパー・紙ストロー

作り方

写真入り フラワーコーン

円すい形に丸めた画用紙に、お花を挿した フラワーコーン。卒園児の写真を添えて リボンで吊るせば、おしゃれな壁飾りになります。

素材●画用紙・レースペーパー・モール・リボン
写真・フラワーペーパー・障子紙

作り方

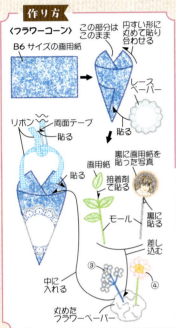
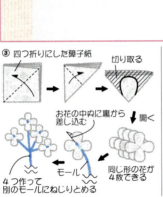
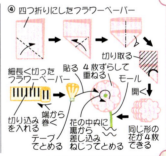

チューリップの 一輪カード

型紙 108ページ

チューリップの形がかわいいカード。 花びらを左右にめくると、メッセージや 手形、写真が現れます。

素材●画用紙・柄折り紙・紙ストロー・リボン

作り方

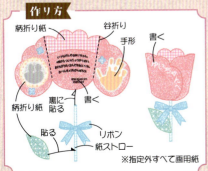

※指定外すべて画用紙

思い出に残る 卒園製作

成長の喜びを込めて、みんなで作りましょう。

牛乳パックの小物入れ

ふたが閉まるタイプの小物入れ。柄折り紙やマスキングテープで、自由に飾りつけをしましょう。

素材●牛乳パック・柄折り紙・マスキングテープ
丸シール・紙ストロー・モール・画用紙・ビーズ

肩ベルトをつければランドセルに変身！

サポートポイント
牛乳パックの面が切りづらいときは、保育者が切り込みを入れてサポート！

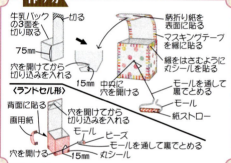

〈作り方〉
- 牛乳パックの3面を切り取る／切る／75mm
- 穴を開けてから切り込みを入れる／15mm
- 柄折り紙を表面に貼る
- マスキングテープを縁に貼る
- 縁をはさむように丸シールを貼る
- 〈ランドセル形〉中央に穴を開ける
- モールを通して裏でとめる／モール／紙ストロー
- 背面に貼る／画用紙
- 穴を開けてから切り込みを入れる／モール／ビーズ
- 穴を開ける／15mm／モールを通して裏でとめる／丸シール

はじき絵フォトフレーム

はじき絵した画用紙を花びら形に切り、片段ボールの台紙に貼れば、お花のようなフォトフレームに！フレームは面ファスナーでとめます。

素材●画用紙・片段ボール・シール・リボン・写真
クリアファイル・面ファスナー

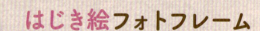

Open!

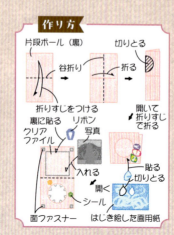

〈作り方〉
- 片段ボール（裏）／谷折り／折る／切りとる
- 折りすじをつける／開いて折りすじで折る
- 裏に貼る／クリアファイル／リボン／写真／入れる／貼る／切りとる／開く
- 面ファスナー／シール／はじき絵した画用紙

卒園児が作る
思い出のカード

おめでとう・ありがとうの気持ちを込めて、みんなで作りましょう。

将来の夢カード 型紙108ページ

右半分に今の自分、左半分に大きくなったらなりたい自分の姿を描いたカード。裏面には卒園時の身長・体重や将来の夢を書いて記念に！

素材●画用紙・丸シール・リボン・柄折り紙

サポートポイント
保育者が用意した台紙に、自由にパーツを貼りましょう。服や持ちものなどのパーツを切るのが難しければ、保育者が用意したものを貼ってもOK！

裏返すと…

〈しんちょう〉115センチ
〈たいじゅう〉21キロ
〈すきなたべもの〉カレーがだいすき！

〈おおきくなったらなりたいもの〉
やきゅうせんしゅになりたいな。
5さい
たくと

なりたい自分を描こう！

作り方

花束の メッセージカード
型紙 109ページ

花束を贈るように保護者にカードをプレゼント。
主役のお花は切り紙して作ります。

素材●画用紙・折り紙・柄折り紙・ホイル折り紙・リボン

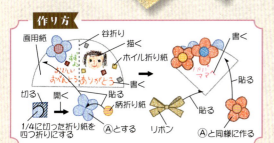

リボンを開くと、ハート形のカードがつながって、メッセージが出現！

つながりハートの メッセージカード
型紙 109ページ

大きなリボンがかわいいハート形のカード。
リボンの下にはつながったハートが
じゃばらになって隠れています。

素材●画用紙・カラーコピー用紙・凡天・丸シール

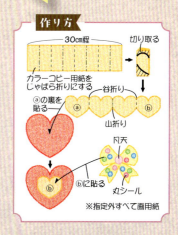

保育者が作る
卒園式プログラム

卒園式を彩るプログラムを
印象的に作るアイデアをご紹介します。

レースペーパーの花束プログラム

型紙 109 ページ

花束形のプログラムは、閉じても開いても素敵！
門出を祝う気持ちを込めて作りましょう。

素材●画用紙・レースペーパー・折り紙・柄折り紙・リボン

作り方

※指定外すべて画用紙

とりと青空のプログラム

型紙 109〜110ページ

はばたくとりたちと空のモチーフ、爽やかなカラーリングが、晴れやかな卒園の日に似合うプログラムです。キラリと光るラインストーンがポイント。

素材●画用紙・コピー用紙・ラインストーン・リボン

桜とレースペーパーのプログラム

型紙 110ページ

卒園式にぴったりな、満開の桜のプログラム。
レースペーパーを角に貼って上品な印象をプラスしました。

素材●画用紙・レースペーパー・ラインストーン・ししゅう糸

子どもの製作で 卒園式プログラム

成長の記録としても喜ばれるプログラムのアイデアです。

ことりの手形プログラム

型紙 111ページ

元気にはばたいていってほしい願いを込めて、子どもの手形をことりの羽にします。開くとプログラムやメッセージが！

素材●画用紙・リボン・レースペーパー

子どもの製作
手形＆自画像

Open!

裏返すと…

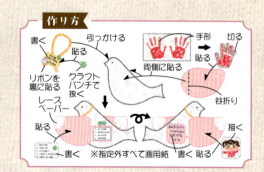

作り方

※指定外すべて画用紙

ダウンロードして作る
卒園式プログラム

ここからダウンロード

ダウンロード後にプリントアウトしたイラストを、
画用紙に切って貼るだけで
素敵なプログラムに仕上がります。

卒園列車のプログラム

型紙 111ページ

列車にのせるように子どもの写真を
貼れば、その子だけの
卒園列車プログラムのできあがり！

素材●画用紙・写真・シール・コピー用紙

ダウンロード素材

作り方
型紙に合わせて、画用紙を切ります。コピー用紙に印刷したプログラムと、切ったダウンロード素材を画用紙に貼り、列車の先頭の窓に子どもの写真を貼ります。列車をつなぐように線をペンで描き、谷折り、山折りに折って、真ん中をシールでとめて完成です。

Open!

お花とことりのプログラム

子どもの写真を貼ったお花の部分を
折りたたみ式の台座に貼り付けることで、
飛び出すカードのできあがり。

素材●画用紙・写真・コピー用紙

ダウンロード素材

作り方
画用紙を長方形に切ります。子どもの写真を丸く切り、茎にウサギが座ったお花の真ん中に貼ります。画用紙で四角柱を作り、画用紙と子どもの写真を貼った花の間に貼ります。コピー用紙に印刷したプログラムと、切ったダウンロード素材を画用紙に貼り、完成です。

気球でしゅっぱーつ！プログラム

小学校に向かって飛び立つ子どもたちの成長をお祝い！

素材●画用紙・コピー用紙・糸・ビーズ

ダウンロード素材

作り方

カードの表側になるダウンロード素材を画用紙に貼り、大きさを合わせて切ってから、半分に折ります。コピー用紙に印刷したプログラムとその他のダウンロード素材をその裏側に貼り、真ん中に糸を巻くようにかけ、ビーズをつけてとめます。

気球のプログラム

気球にのってぐんぐん大空へ！裏返すと身長計になる縦長のプログラム。イラストはダウンロードして飾ります。

素材●画用紙・オーロラ折り紙・コピー用紙

ダウンロード素材

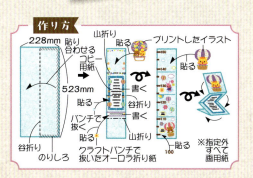

裏返して壁に飾ります。入園時と卒園時の身長を書いて貼っておくと、よい思い出に！

ふんわり花びらのコサージュ

パステルカラーが優しい印象をあたえるコサージュ。
花びらの層が可憐でステキです。

● 素材（1個分）
- 不織布アトラス　花びらA　18×10cm…6枚
  　　　　　　　（白）花びらB　18×6cm…3枚
- ラッピング用ワイヤー　1個
- パールのラインストーンシール　3個
- チュール　20×20cm
- リボン（1.3cm幅）28cm
- 細リボン（0.4cm幅）30cm
- フェルト　3.5×5cm
- 安全ピン　1個

保育者から卒園児へ送る
手作りコサージュ

「おめでとう！」の気持ちを込めて
手作りコサージュで胸元を飾りましょう。

作り方

1　花びらBの材料を3枚重ね、18cmの辺の両側に切り込みを入れる。
目安は0.5cm間隔で1.5cmの切り込み

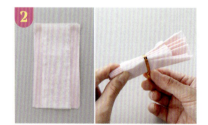

2　花びらAの材料を6枚重ねた上に①をのせる。2cm幅くらいのじゃばら折りにして中心をラッピング用ワイヤーでとめる。

3　②の両端を丸く切る。花びらを一枚一枚立てるように広げ、ふんわりとした形に整える。

4　③の中心にパールのラインストーンシールを貼る。

5　リボンと細リボンをそれぞれ半分に折る。一緒に合わせてホチキスでとめる。

6　チュールの中心をつまむようにして持ち、ホチキスでとめる。

7　④の裏側に⑤、⑥の順にグルーガンで貼りつける。表側からバランスを見ながら調整して貼るとよい。

8　安全ピンにフェルトを通し、⑦でできた花の裏側にグルーガンで貼りつける。

カーネーションのコサージュ

型紙 112 ページ

3段の花びらが本物のカーネーションのよう！
華やかでかわいいコサージュです。

● **素材**（1個分）
- クレープ紙　　上段用 3×17cm…1枚
　　　　　　　　中段用 3×15cm…1枚
　　　　　　　　下段用 3×13cm…1枚
- 厚紙（土台）5×7cm
- 画用紙（葉っぱ）7×10cm
- チュールつきプリーツリボン
 　（3.5cm幅）2.5cm
- チュール　6×15cm
- サテンリボン（1.3cm幅）28cm
- 安全ピン　1個
- 糸

＊両面テープは強力タイプを使用するとよい

作り方

1 クレープ紙の上、中、下段用の片側をそれぞれピンキングはさみで切り、そちら側を上側にする。

2 クレープ紙の下側をぐし縫いし、糸を引いて縮めてとめる。これが上、中、下段用の花びらになる。

3 厚紙を土台の型紙どおりに切る。

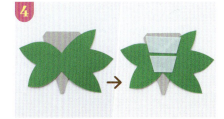

4 画用紙を葉っぱの型紙どおりに切り、**3**の上に両面テープで貼りつける。葉っぱの上に花びらをつけるための両面テープを貼る。

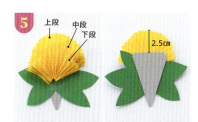

5 **4**の上に上段用の花びらを貼る（裏側から見ると花びらが2.5cmくらい出ている状態）。続いて上段用の花びらから1cmくらい下の位置に中段用の花びらを貼る。同様に1cmずらして下段用の花びらも貼る。

6 チュールを1cmずらして折り、わ側から4cmくらいのところを縫い、糸を引いて巻いてとめる。

7 **5**の花びらの下にチュールつきプリーツリボンと**6**を貼る。続いてサテンリボンの両端をピンキングはさみで切り、ちょうちょ結びにして貼る。

8 **7**の裏側に安全ピンを布ガムテープで貼る。

手作りコサージュ

フェルトのコサージュ
型紙 112 ページ

お花形に切ったフェルトを
ずらして重ねるだけで、
かんたんかわいいバラ風コサージュに。

● 素材（1個分）
・フェルトの花①〜④　・凡天
・フェルトの葉×2　　 ・リボン（細め・太め）
・円形に切ったチュール ・安全ピン
・キラキラシール　　　・フェルト
・ビーズシール

作り方

1
フェルトの花①の中央にグルーガンをつけ、②を少しずらして貼る。

2
同様に③、④を重ねて貼り、④の中央にグルーガンで凡天を貼る。

3
葉の片方の端にグルーガンをつけ、つまんで貼り合わせ、立体感を出す。

4
チュールは半分に折ってから三つに折る。太めのリボンは輪が2つできるように折り、どちらもホチキスでとめる。キラキラシール、ビーズシールを貼る。

5
4をすべてまとめ、細いリボンを重ねてホチキスでとめる。3をグルーガンで貼る。

6
5の端にグルーガンをつけ、2の右上の裏に貼る。

7
フェルトに安全ピンを通し、6の花の裏の上側にグルーガンで貼る。

ロゼット風の コサージュ

ボックスプリーツリボンを使って
かんたんにできるコサージュです。
ラインストーンをつけて
華やかさアップ！

● 素材（1個分）
- ボックスプリーツリボン（3.5cm幅） 12cm
- チュールつきボックスプリーツリボン
  （2.5cm幅） 10cm
- 厚紙　直径4cmの円形…1枚
- 凡天（直径2cm）1個
- サテンリボン（2.2cm幅） 16cm
- デコレーションテープ（ラインストーンタイプ） 7cm
- 安全ピン　1個

＊両面テープは強力タイプを使用するとよい

作り方

1

ボックスプリーツリボンの両端を少し折り返す。上側に両面テープを細かくつける。

2

厚紙のまわりに1を貼りつける。つけ始めとつけ終わりは少し重ねる。表側から見たときに中心に直径1cmくらいの円が開くようにする。

3

チュールつきボックスプリーツリボンも1と同様に両端を折り返し、両面テープを貼る。

4

2の表側に3を貼りつける。つけ始めとつけ終わりは少し重ねる。

5

凡天に両面テープをつけ、4の中心に貼る。

6

デコレーションテープを6等分に切り、凡天のまわりに貼る。初めに間を開けて3個貼り、続いて間を埋めるように3個貼る。

7

サテンリボンの両端をV字に切り、斜めに折って内側を両面テープで貼る。

8

6の裏側に7を両面テープで貼り、安全ピンを布ガムテープで貼る。

69

文字飾り

壁面や看板飾りなどが華やかになる、文字のアイデアをご紹介！

型紙112ページ

ことりリボン

リボンで文字を作り、画用紙の花やことりを貼ります。
リボンは全体を貼らずに、ところどころふわっと浮かせても。
ことりも段ボールなどで少し浮かせて貼ると、立体的になります。

素材●リボン・画用紙・段ボール

ふわふわチュール

巻いたチュールのところどころに、細いリボンを結びます。
文字のカーブなど細かい部分は、中心に細い針金を通しても。

素材●チュール・リボン

雲と風船

同系色の画用紙とオーロラ折り紙を、雲のようなあしらいの文字形に切ります。
風船は谷折りにした画用紙を貼り合わせて立体的に。

素材●画用紙・オーロラ折り紙・ひも

マスキングテープ

画用紙にマスキングテープを貼って、じゃばらに折ります。
細かく折るとカーブも簡単に表現できます。
アクセントにリボンをあしらって。

素材●マスキングテープ・画用紙・リボン

オーロラテープ

オーロラテープを輪にしたものを
並べて貼ります。
丸くしたオーロラテープは
接地面が少ないので、
しっかりと貼り付けて。

素材●オーロラテープ

コサージュ風

文字の形に切りぬいた画用紙に、
リボンやフラワーペーパーで作った
花などを飾りつけます。花は、
2枚重ねたフラワーペーパーの中央を
しぼり、4～5個をまとめて作ります。

素材●画用紙・フラワーペーパー
　　　リボン

もこもこリボン

厚紙で作った文字に綿をのせ、
不織布でくるんで裏側をとめて立体的に。
リボンを巻いて華やかに仕上げます。

素材●厚紙・綿・不織布・リボン

グリッター用紙

グリッター用紙を文字の形に切り、
山形に切ってひだを寄せた不織布を
裏側から貼ります。チェック柄の不織布や
レースシールの花で優しい印象に。

素材●グリッター用紙・不織布
　　　レースシール

カラフルロゼット

画用紙にマスキングテープを貼ったものを
じゃばら折りして貼り合わせ、ロゼット風に。
様々な柄やサイズを組み合わせましょう。
大きい円は、中央の隙間を丸い画用紙で
隠すときれいな仕上がりに。

素材●画用紙・マスキングテープ

71

いつもの素材でひと工夫 花飾りをバージョンアップ！

フラワーペーパーの花は、切り方＆組み合わせで印象を変える。

切り口の形で変わる！

片側だけカーブするように切ると、開いたときに大きな花びらに。

先をとがらせるように切ると、ギザギザの花びらに。

基本の作り方

① フラワーペーパーを8枚ほど重ね、じゃばら折りする。中心を糸で結ぶ。

② 両端を丸く切る。

③ 片側の中心から1枚ずつ丁寧に広げていき、花の形にする。

＼できあがり／

大きな花にするときは

① 薄葉紙とフラワーペーパーを4枚ずつ重ね、じゃばら折りする。

② いったん開いて、中心に合わせて重ね、再度じゃばら折りしたら糸で結ぶ。

③ 片側の中心から広げて花の形にする。

＼できあがり／

こんなアレンジも

レースペーパーを重ねても。

フラワーペーパーの花に、不織布を貼り合わせて。

違う色を2～3色重ねると、さらに華やかに。

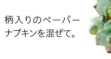

柄入りのペーパーナプキンを混ぜて。

コピー用型紙集

すぐに かわいく つくれる

  型紙コピーの倍率計算ツールを使うと便利です。

山折り ——・—— 谷折り —————
切り込み ……… 切りとり ■ のりしろ ▨

◆ P.4～5　大きなリボンの会場飾り

※リボンのパーツは、入り口飾りは280％、壇上飾りの小さなリボンは130％拡大すると、ほかとのバランスがとれます。

◆リボンパーツ

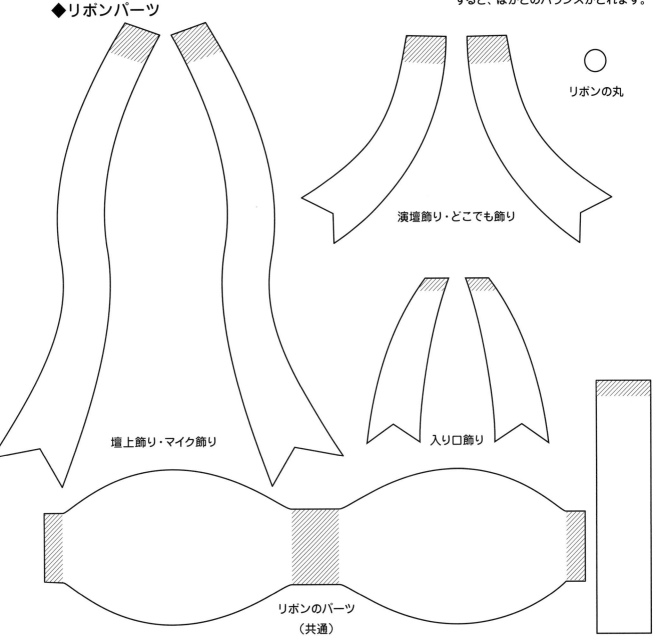

演壇飾り・どこでも飾り

リボンの丸

壇上飾り・マイク飾り

入り口飾り

リボンのパーツ
（共通）

●コピー型紙をご利用になる際には、このメッセージが見えるようにしっかり開くと、きれいにコピーをすることができます。

※73～112ページに掲載している型紙は、個人または法人・団体が私的な範囲で使用できます。営利・商用目的や金銭の授受が発生するイベントの告知、園のホームページやSNSをはじめとしたWebサイト等での使用はできません。
※本書掲載の飾りや型紙をもとに作成したものを、バザーやオークション、フリマアプリ等に出品することは、著作権法上禁じられています。

● P.4〜5　大きなリボンの会場飾り
◆入り口飾り

●P.4〜5 大きなリボンの会場飾り

◆入り口飾り

しまうま

◆どこでも飾り

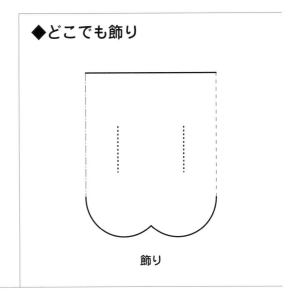

飾り

◆壇上飾り

ライオン　　　　ひょう

※コピー型紙をご利用になる際には、このメッセージが見えるようにしっかり開くと、きれいにコピーをすることができます。

P.6〜7　マーガレットの会場飾り

◆入り口飾り

ライオン

ひょう

●コピー型紙をご利用になる際には、このメッセージが見えるようにしっかり開くと、きれいにコピーをすることができます。

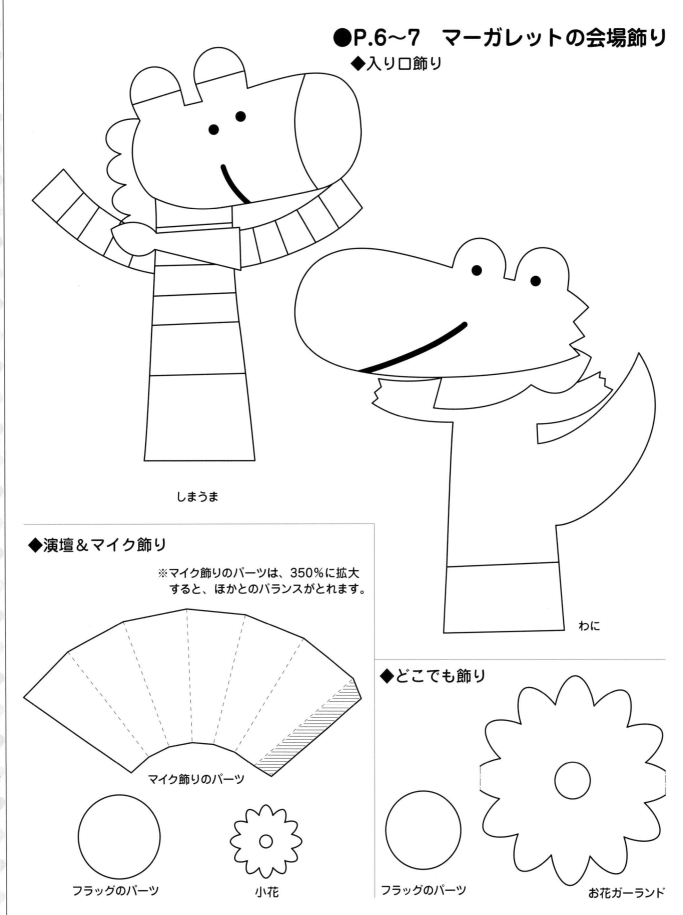

●P.6〜7　マーガレットの会場飾り
◆共通パーツ　　※フラッグAに関しての説明。キャラクターに対して200%に拡大すると「入り口飾り」、小花に対して250%に拡大すると「演台飾り」のパーツとのバランスがとれます。お花のガーランドに対して280%に拡大すると「どこでも飾り」のフラッグA大として使用できます。

※花Bは、200%に拡大すると「どこでも飾り」、140%に拡大すると「演壇飾り」のパーツとのバランスがとれます。

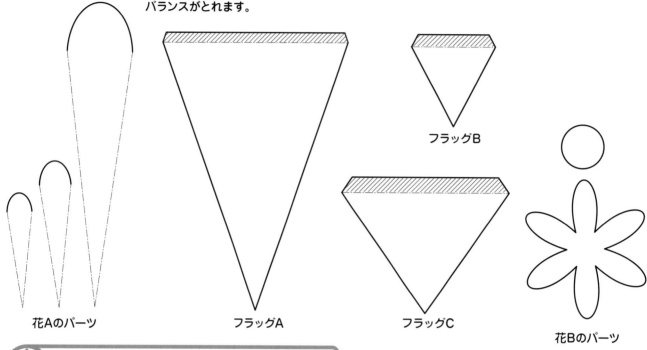

◆ P.8〜9　3種の花の会場飾り

花　　　文字の台紙

◆ P.10〜11　ペーパーファンと立体フラワーの会場飾り

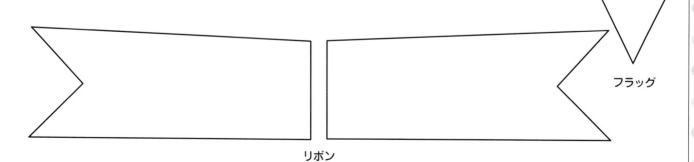

リボン

P.12 バラとガーベラの入り口飾り

●コピー型紙をご利用になる際には、このメッセージが見えるようにしっかり開くと、きれいにコピーをすることができます。

うさぎ　とり　くま　花　バラの花びら（小）　バラの花びら（大）　バラの花びら（丸）　花束の台紙　ガーランドのパーツ

79

P.13 ハートのお花とことりの入り口飾り

P.14 心が弾む！ バルーンの入り口飾り

うさぎ　ひよこ　くま
いぬ　丸　花　ねずみ

●コピー型紙をご利用になる際には、このメッセージが見えるようにしっかり開くと、きれいにコピーをすることができます。

P.15 動物たちがお出迎え！ カラフル入り口飾り

●P.15　動物たちがお出迎え！　カラフル入り口飾り

くま

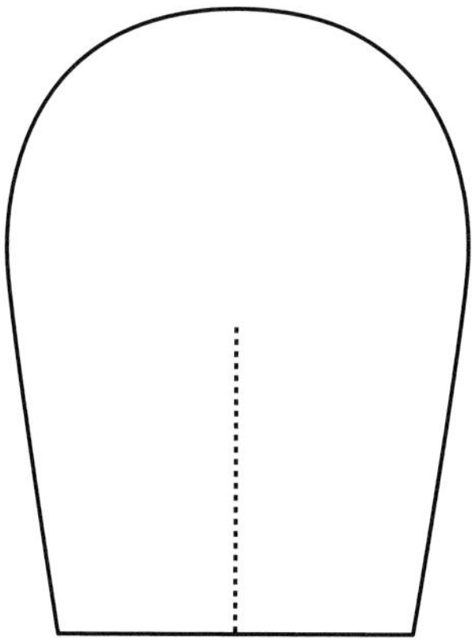

花びら

コアラ

ねずみ

葉A

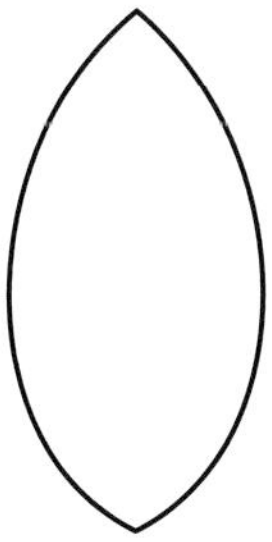

葉B

花

とり

●コピー型紙をご利用になる際には、このメッセージが見えるようにしっかり開くと、きれいにコピーをすることができます。

P.16 はばたくちょうちょうの入り口飾り

●P.16　はばたくちょうちょうの入り口飾り

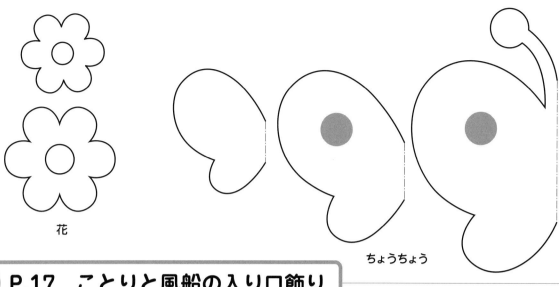

花

ちょうちょう

◆P.17　ことりと風船の入り口飾り

※輪飾りは、200％に拡大すると、ほかとのバランスがとれます。

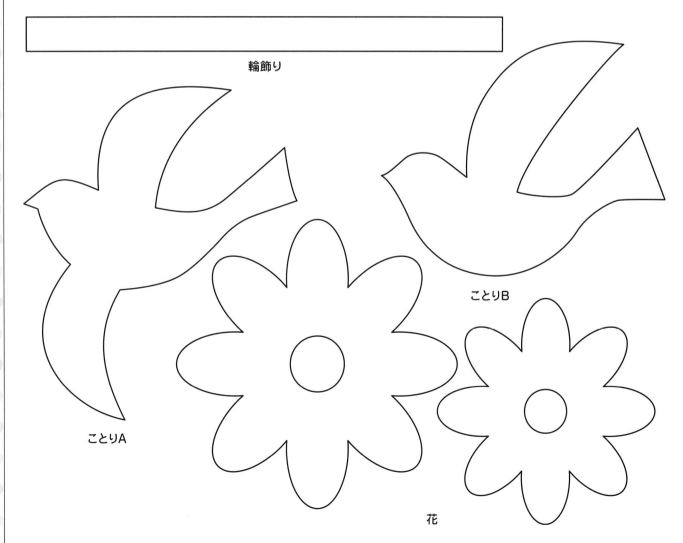

輪飾り

ことりA

ことりB

花

●コピー型紙をご利用になる際には、このメッセージが見えるようにしっかり開くと、きれいにコピーをすることができます。

P.18 ことりとチュールの入り口飾り

※飾りのパーツは、300%、メッセージプレートは、200％に拡大すると、ほかとのバランスがとれます。

花

メッセージプレート

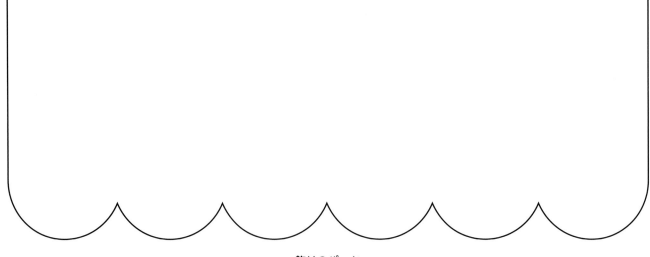

飾りのパーツ

●P.18 ことりとチュールの入り口飾り

P.19 大きなリボンとにじ色チェーンの入り口飾り

※メッセージプレートは、160%に拡大すると、ほかとのバランスがとれます。

メッセージプレート

ユニコーン

ユニコーンの台紙

くま

●コピー型紙をご利用になる際には、このメッセージが見えるようにしっかり開くと、きれいにコピーをすることができます。

●P.19　大きなリボンと虹色チェーンの入り口飾り

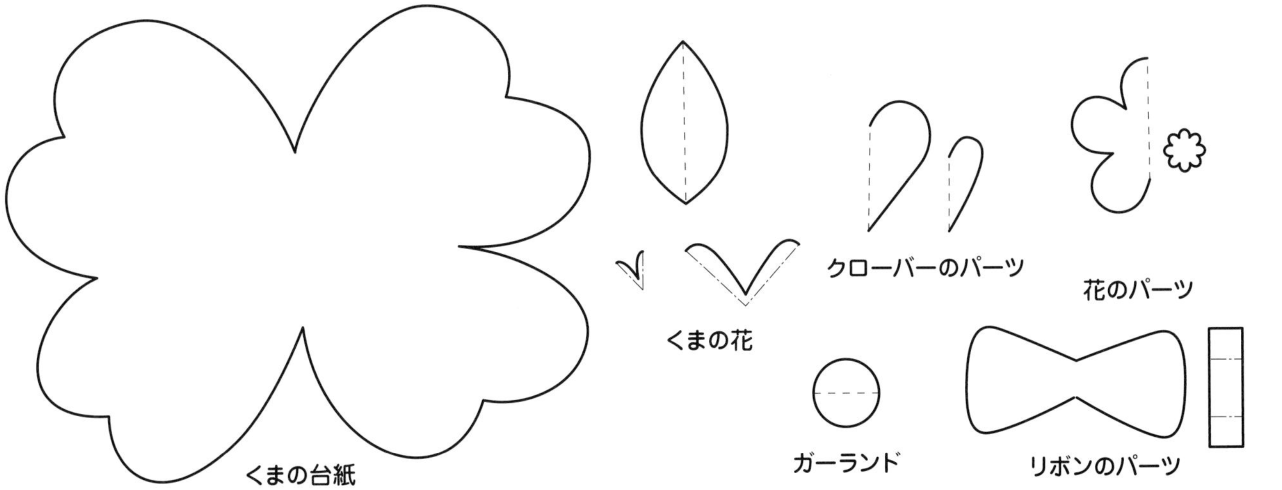

くまの台紙

くまの花

クローバーのパーツ

花のパーツ

ガーランド

リボンのパーツ

◆ P.20　ピンキーフラワーのアーチ

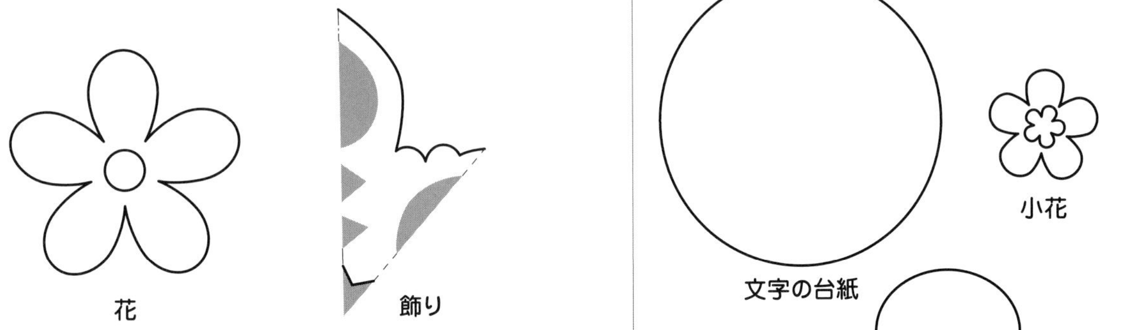

花

飾り

文字の台紙

小花

◆ P.22　ビッグフラワーとチュールのアーチ

花A・B 小

花A・B 中

花A 大

花A 特大

つなぎ飾りの丸

おめでとう

●コピー型紙をご利用になる際には、このメッセージが見えるようにしっかり開くと、きれいにコピーをすることができます。

P.24　たんぽぽカラーの2WAY看板飾り

※「そつえんしき」「にゅうえんしき」は、130％に拡大すると、ほかとのバランスがとれます。

●コピー型紙をご利用になる際には、このメッセージが見えるようにしっかり開くと、きれいにコピーをすることができます。

とり

うさぎ

くま

● P.24　たんぽぽカラーの2WAY看板

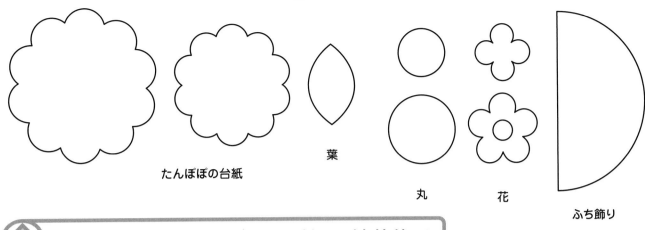

たんぽぽの台紙　　葉　　丸　　花　　ふち飾り

◆ P.25　切り紙とリボンの看板＆鉢花飾り

※文字と文字の台紙は、250％に拡大すると、ほかとのバランスがとれます。

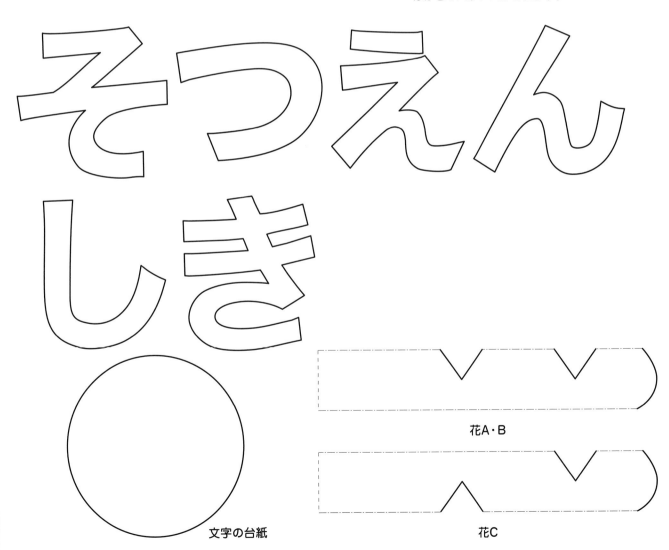

文字の台紙　　花A・B　　花C

● コピー型紙をご利用になる際には、このメッセージが見えるようにしっかり開くと、きれいにコピーをすることができます。

P.26 ビッグフラワーとチュールの看板飾り

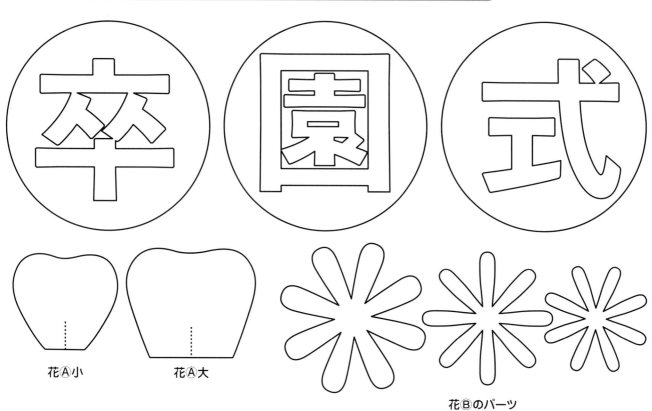

花Ⓐ小　　花Ⓐ大　　花Ⓑのパーツ

◆入園式にアレンジ！

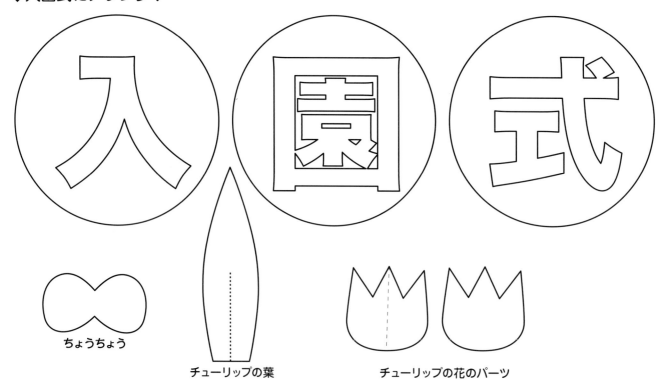

ちょうちょ　　チューリップの葉　　チューリップの花のパーツ

●コピー型紙をご利用になる際には、このメッセージが見えるようにしっかり開くと、きれいにコピーをすることができます。

P.27 うめ柄の和モダン看板飾り

●コピー型紙をご利用になる際には、このメッセージが見えるようにしっかり開くと、きれいにコピーをすることができます。

うめの花

丸

波

P.27 ふんわりチュールとお花の看板飾り

※看板のパーツA、Bは、200%に拡大すると、ほかとのバランスがとれます。

 P.28 バラのウェルカムボード

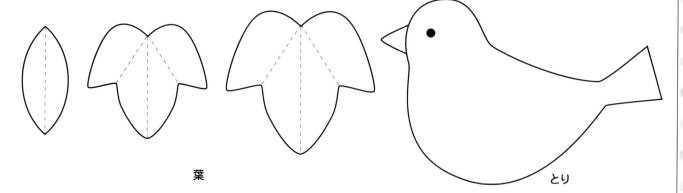

P.28 チュール凡天のウェルカムボード

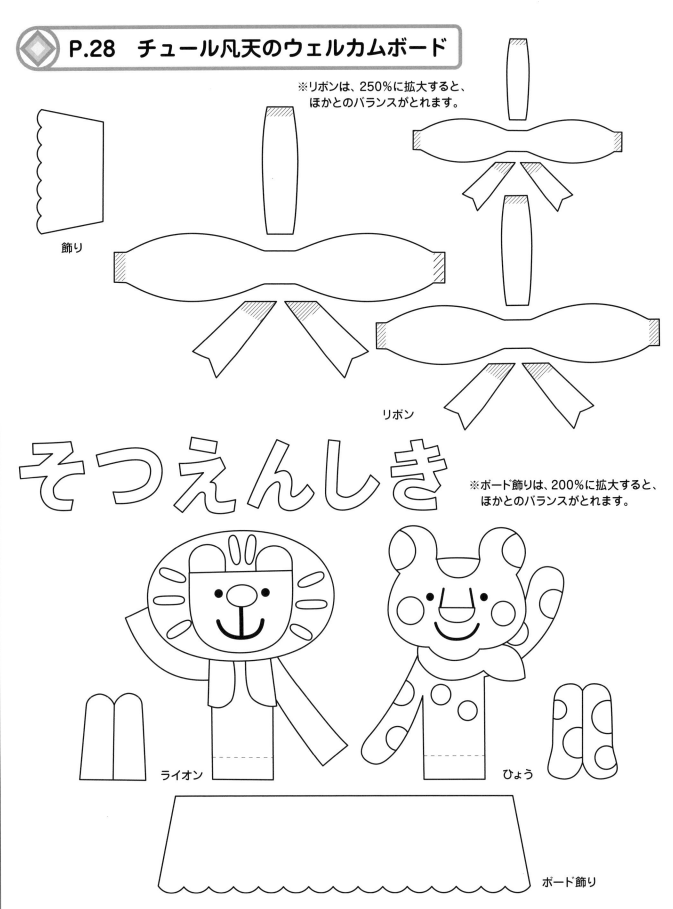

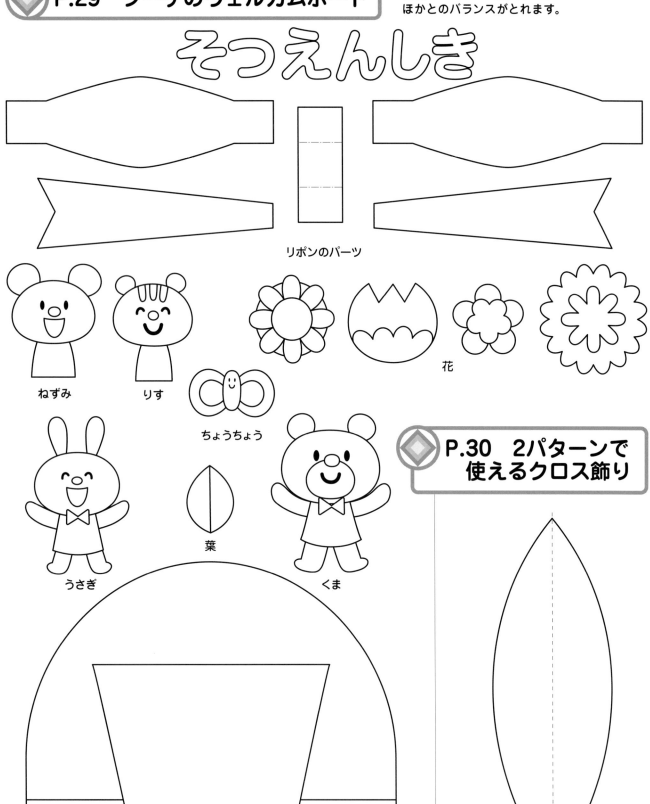

P.31　ビッグリボンの窓飾り・椅子飾り

葉（共通）　花B（共通）

P.32　気球＆フラワーの窓飾り

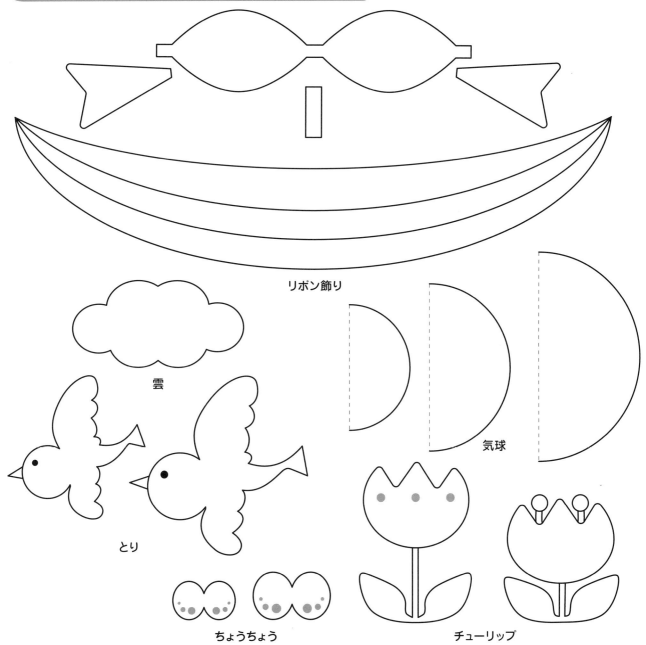

リボン飾り　雲　気球　とり　ちょうちょう　チューリップ

P.33　フラワーリースの窓飾り

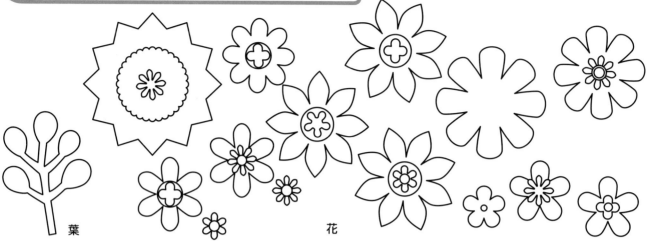

葉　　　　　　　　　　花

 P.34　くるくるローズのガーランド

※くるくるローズは、130％に拡大すると、ほかとのバランスがとれます。

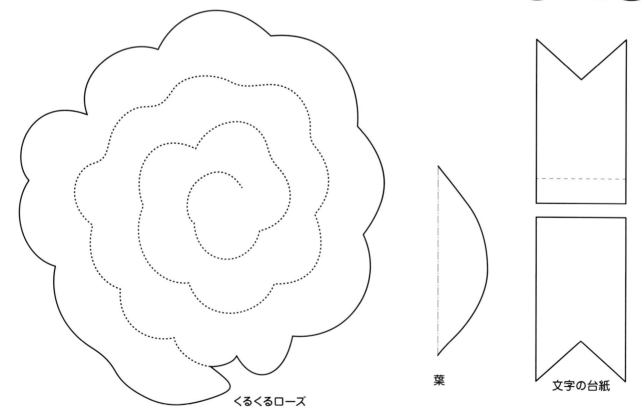

くるくるローズ　　　　葉　　文字の台紙

●コピー型紙をご利用になる際には、このメッセージが見えるようにしっかり開くと、きれいにコピーをすることができます。

◆ P.35　妖精のガーランド

文字の台紙

ちょうちょう

花A　花B

妖精A　妖精B

◆ P.35　リボンとお花のどこでも飾り

※250%に拡大すると、実寸になります。

花

P.36 じゃばらのつばさのとりの棚飾り

P.38 お花のリース型吊るし飾り

※リースは、200%に拡大すると、ほかとのバランスがとれます。

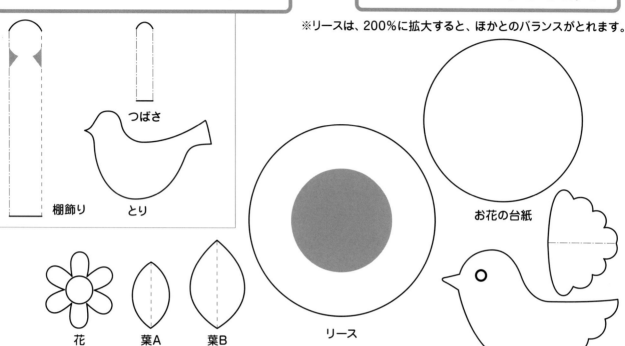

P.39 フラワーボールの吊るし飾り

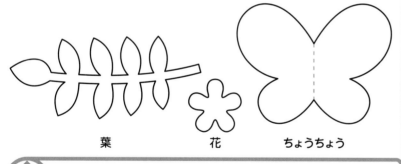

P.39 フラワーリースの吊るし飾り

●コピー型紙をご利用になる際には、このメッセージが見えるようにしっかり開くと、きれいにコピーをすることができます。

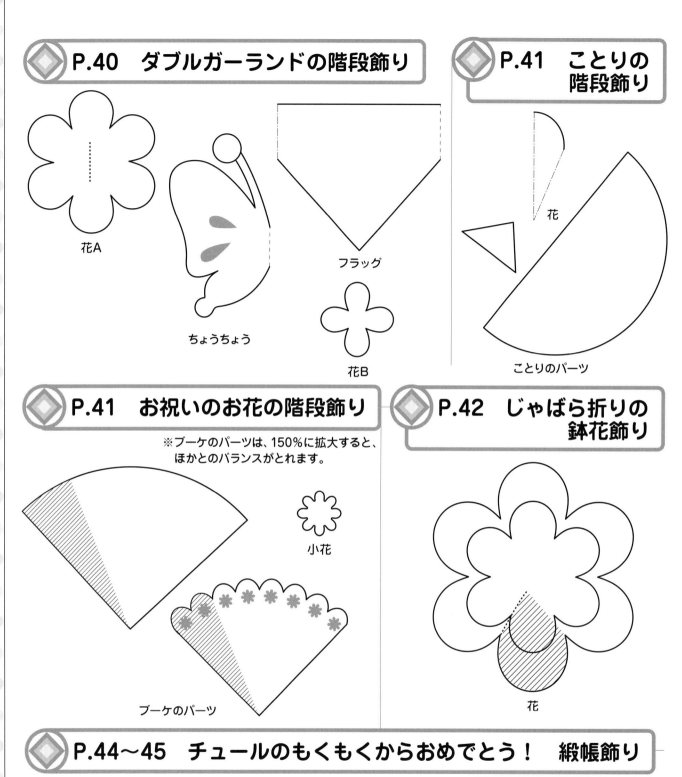

●P.44〜45　チュールのもくもくからおめでとう！　緞帳飾り

● P.44〜45　チュールのもくもくからおめでとう！　緞帳飾り

◆ P.46　春を告げる妖精のフラワーリース

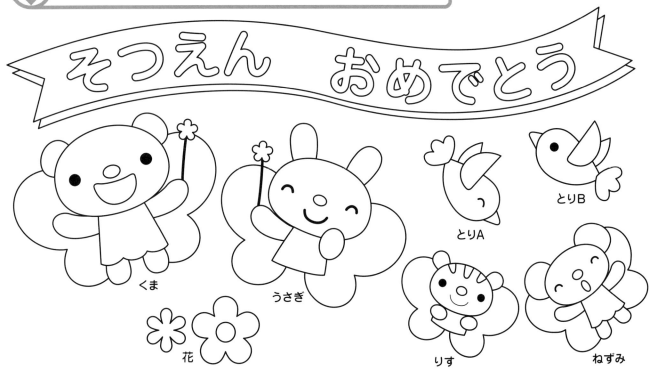

● コピー型紙をご利用になる際には、このメッセージが見えるようにしっかり開くと、きれいにコピーをすることができます。

◆ P.47　幸せを運ぶ☆ブルーバード

※リボンは P.73「大きなリボンの会場飾り」のものを参照してください。

◆ P.48～49　お花の気球で飛び立とう！

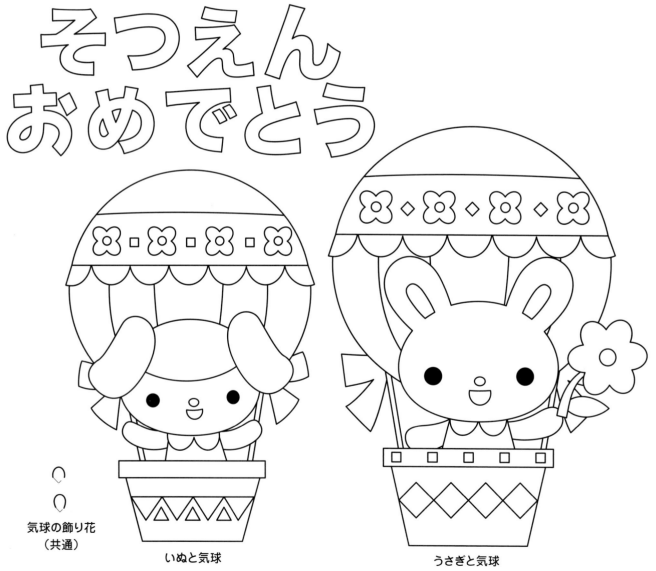

●P.48〜49　お花の気球で飛び立とう！

P.50〜51　みんなをのせて　自画像の気球壁面

※気球は、200%に拡大すると、ほかとのバランスがとれます。

 P.51　染め紙の花束壁面飾り

※リボンのパーツは、150%に拡大すると、ほかとのバランスがとれます。

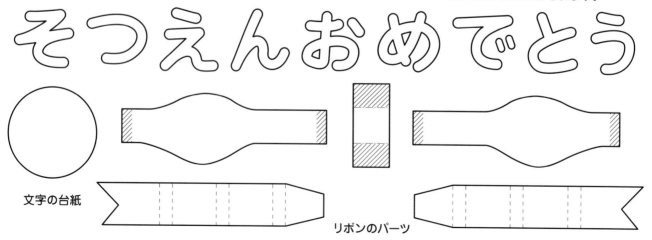

P.52　フラワーBOXと自画像のメモリアル飾り

※「そつえんおめでとう」の文字は、120%に拡大すると、ほかとのバランスがとれます。

 P.53　みんなと一緒にロケットで宇宙へ！

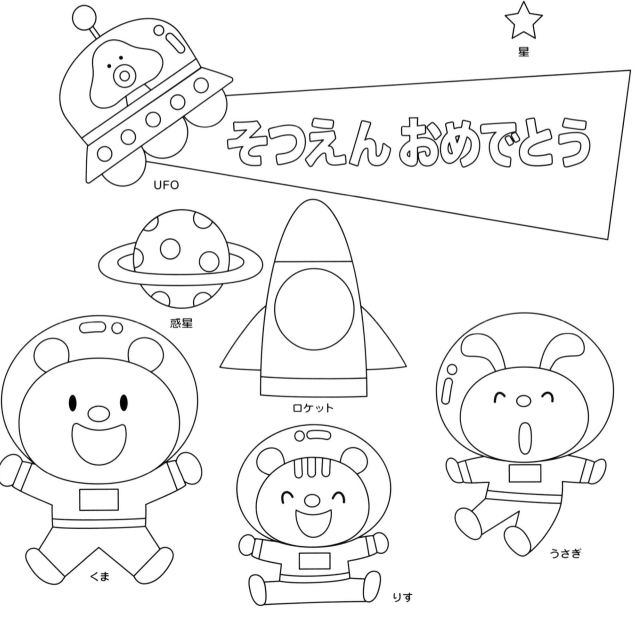

P.54　笑顔が咲くよ！　写真入りお花バスケット

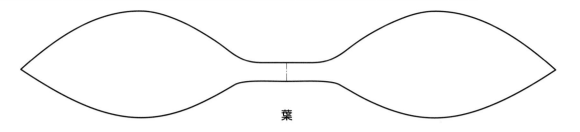
葉

P.55　チューリップの一輪カード

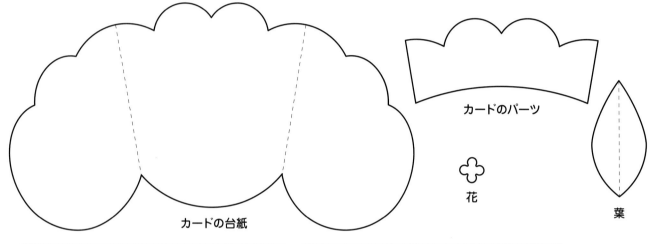
カードの台紙　カードのパーツ　花　葉

P.57　バルーンフォトキャンディー

P.58　将来の夢カード

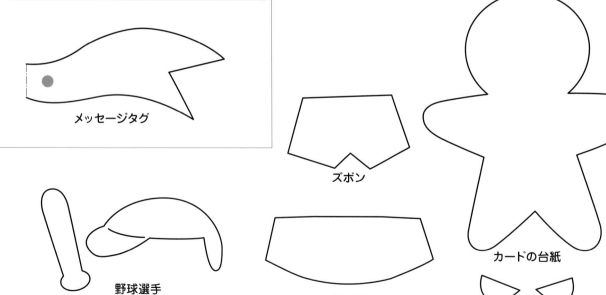
メッセージタグ　野球選手　ズボン　シャツ　カードの台紙　くつ

●コピー型紙をご利用になる際には、このメッセージが見えるようにしっかり開くと、きれいにコピーをすることができます。

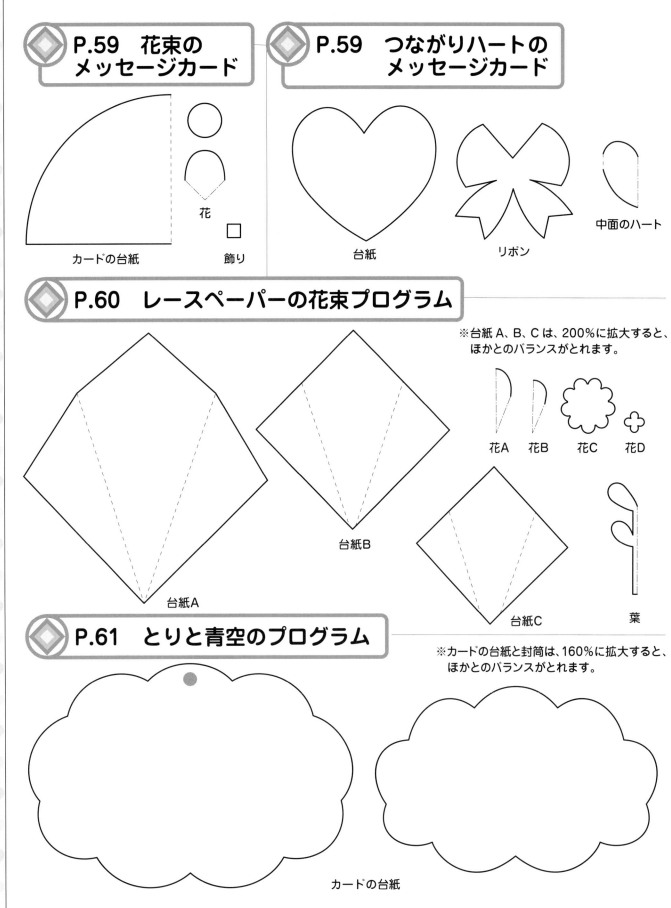

● P.61 とりと青空の　　プログラム

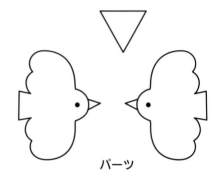
パーツ

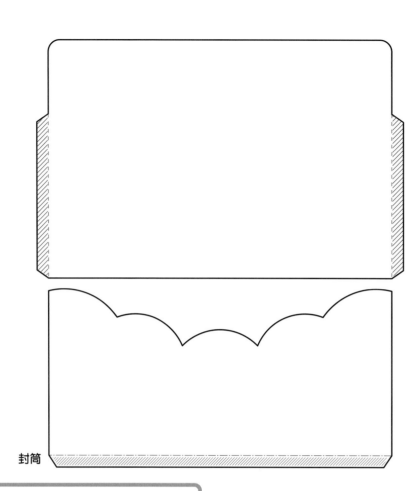
封筒

◆ P.61　桜とレースペーパーのプログラム

※台紙は150％に拡大すると、ほかとのバランスがとれます。

桜の花びら　桜

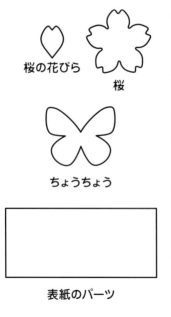
ちょうちょう

表紙のパーツ

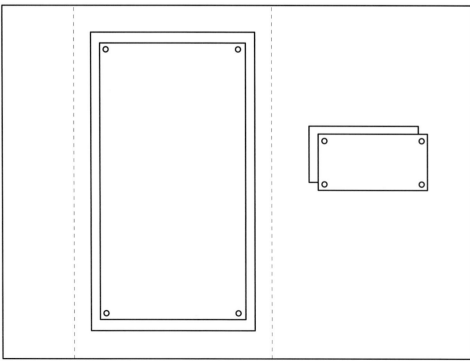
台紙（中面）

● コピー型紙をご利用になる際には、このメッセージが見えるようにしっかり開くと、きれいにコピーをすることができます。

P.62　ことりの手形プログラム

※ことりとことりの羽は140％に拡大すると、ほかとのバランスがとれます。

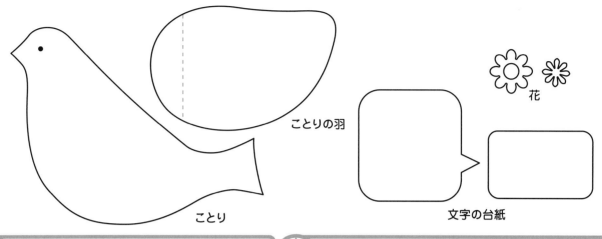

ことりの羽 / ことり / 花 / 文字の台紙

P.63　飛び出す！スタンプ風船のプログラム

P.63　よつばのクローバーのプログラム

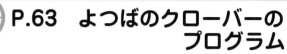

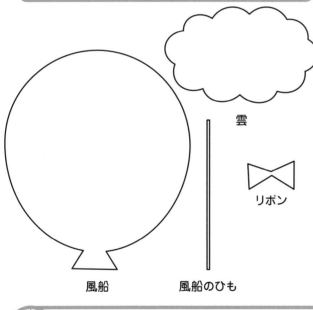

雲 / リボン / 風船 / 風船のひも

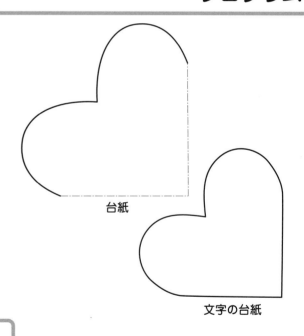

台紙 / 文字の台紙

P.64　卒園列車のプログラム

※台紙は、300％に拡大すると、P.64のダウンロード素材とのバランスがとれます。

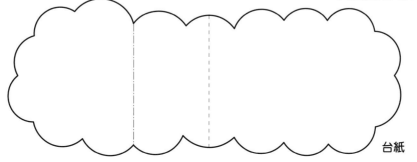

台紙

●コピー型紙をご利用になる際には、このメッセージが見えるようにしっかり開くと、きれいにコピーをすることができます。

111

P.67 カーネーションのコサージュ

P.68 フェルトのコサージュ

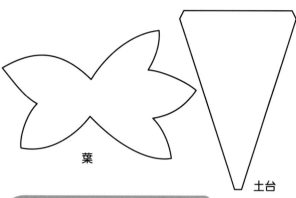
葉　土台

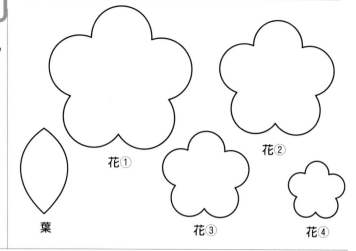
葉　花①　花②　花③　花④

P.70 文字飾り

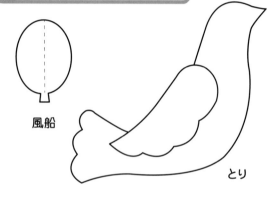
風船　とり

ことり

花

●コピー型紙をご利用になる際には、このメッセージが見えるようにしっかり開くと、きれいにコピーをすることができます。

決定版 卒園式おめでとう飾り	
発行日	発行日 2024年12月5日 初版第1刷発行
発行者	竹間 勉
発行	株式会社世界文化ワンダーグループ
発行・発売	株式会社世界文化社
	〒102-8192 東京都千代田区九段北4-2-29
	電話 編集部 03（3262）5121
	販売部 03（3262）5115
DTP作成	株式会社明昌堂
印刷・製本	TOPPANクロレ株式会社

落丁・乱丁のある場合はお取替えいたします。
定価はカバーに表示してあります。
無断転載・複写（コピー、スキャン、デジタル化等）を禁じます。
本書を代行業者等の第三者に依頼して複製する行為は、たとえ個人や家庭の利用範囲内であっても認められていません。
図書館の利用の際は、個人の利用に限って型紙を複写してご利用いただけます。
本誌掲載の作品をもとに製作したものを、バザーやオークション、フリマアプリ等に出品することは著作権法上、禁止されています。

本書は、「PriPri」2016年2月号、2017年特別号、2019年特別号、2020年特別号・2月号、2021年特別号、2022年特別号・3月号、2023年特別号・3月号の内容を再編集したものです。

制作物キャラクター	千金美穂
プラン・制作	イグルーダイニング　宇田川一美　遠藤祐子
	大塚亮子　おさだのび子　上村エリ　北向邦子
	金子ひろの　阪本あやこ　ささきともえ　佐藤ゆみこ
	すぎやまままさこ　鈴木孝美　田中あゆむ　田中なおこ
	ナベチン　町田里美　MaMan*　本永京子
	三浦晃子　みさきゆい　ミヤモトエミ　rikko
写真	中島里小梨　伏見沙織（世界文化ホールディングス）
	磯崎威志（Focus & Graph Studio）　中村年孝
モデル	佐藤 昊　塩野夢人・
	本田涼香（テアトルアカデミー）
表紙・本文デザイン	周 玉慧
型紙データ作成	ニシ工芸
作り方イラスト	（資）イラストメーカーズ、ハセチャコ
校正	株式会社 円水社
編集	柴 茜（株式会社 Torches）
編集協力	網田ようこ　大口理恵子　KANADEL
	重松寛美　柴崎恵美子　日野ハルナ
企画編集	北野智子

©Sekaibunka Wonder Group, 2024. Printed in Japan
ISBN 978-4-418-24712-7